Paulo Freire

파울루 프레이리,
삶을 바꿔야
진짜 교육이야

내가 **꿈**꾸는 **사람** _ 교육자

Paulo Freire
파울루 프레이리,
삶을 바꿔야
진짜 교육이야

초판 1쇄 2017년 11월 30일
초판 3쇄 2022년 11월 23일

지은이 양은미

책임 편집 임나윤
마케팅 강백산, 강지연
표지디자인 권석연
본문디자인 이미연
사진제공 위키피디아, 플리커

펴낸이 이재일
펴낸곳 토토북
주소 04034 서울시 마포구 양화로11길 18, 3층 (서교동, 원오빌딩)
전화 02-332-6255
팩스 02-332-6286
홈페이지 www.totobook.com
전자우편 totobooks@hanmail.net
출판등록 2002년 5월 30일 제10-2394호
ISBN 978-89-6496-356-2 44990
ⓒ 양은미 2017

· 이 책에서는 한국 포르투갈–브라질 학회와 주한 브라질문화원이 공동으로 마련한 포르투갈(브라질)어의
  한국어 표기법에 따라 표기했습니다. 단, 예외적으로 '파울루 프레이리' 이름은 격음으로 표기했습니다.

· 잘못된 책은 바꾸어 드립니다.
· '탐'은 토토북의 청소년 출판 전문 브랜드입니다.
· 이 책의 사용 연령은 14세 이상입니다.

내가 **꿈꾸는 사람** _ 교육자

Paulo Freire

파울루 프레이리,
삶을 바꿔야
진짜 교육이야

양은미 지음

티ㅁ

더 나은 세상을 꿈꾸는
내가 바로 교육자

파울루 프레이리는 브라질 사람이에요. 저는 이 책에서 한국인인 여러분이 최대한 브라질 사회와 문화적 분위기 속에서 그를 바라보고 이해할 수 있었으면 해요. 그래서 그를 성 '프레이리'가 아닌 이름 '파울루'로 지칭할 거예요. 대개 뉴스나 신문 기사, 책을 보면 인물을 지칭할 때 이름 전체를 말하거나 '성'으로 부르지요? '문대통령', '에이브러햄 링컨', '메시'처럼 말이에요. 이렇게 할 때 중립적이고 격식을 갖춘 느낌을 받게 되니까요. 반면 브라질에서는 서로 친한 사이에서뿐만 아니라 뉴스나 기사에서도 성 대신 이름만을 쓰는 경우가 많답니다. 심지어 브라질의 유명인들은 한국에서도 이름으로만 알려진 경우가 더 많으니 재미있지요? '룰라 대통령', '펠레', '호나우지뉴', '네이마르'처럼요. 심지어 룰라와 펠레라는 이름은 사실 그들의 애칭이었답니다. 이는 사람들 간의 관계가 상당히 수평적이고 자유로운 브라질 사회의 모습을 보여 줘요.

　파울루는 교육의 거장으로 국제적인 명성을 가지고 있고, 한국에서도 그의 책들은 교육학 분야의 고전으로 널리 읽히고 있어요. 특히 민중 교육에 있어 그의 사상과 실천은 상당한 권위와 영향력이 있지요. 저는 파울루의 깊은 통찰이 단순히 교육이나 철학을 학문적·직업적으로 하는 사람들만 접할 수 있고, 접해야 하는 것으로 생각하지 않아요. 그가 늘 강조한 것처럼 그의 교육자로서의 여정에서 가장 근본이 된 것은 인류를 향한 사랑이었고, 그에게 인류는 그저 교육의 '대상'이 아니라 교육의 '주체'였어요. 그의 교육 철학은 어렵지 않아요. 나이가 어려서, 학생이어서, 학자가 아니어서, 혹은 정책 입안자가 아니어서 파울루의 생각을 이해하지 못할 이유는 전혀 없답니다. 파울루가 바랐던 바도 아니고요. 저는 여러분이 단순히 가르침을 받는 사람으로서가 아니라, 비록 의식하지 못할지라도 이미 지금 다른 사람에게 가르침을 주고 있는 교육의 주체라는 마음가짐으로 파울루의 이야기를 읽어 나가기를 바랍니다.

실천하는 학자, 사유하는 실천가로서 수많은 나라의 교육 사상에 영향을 준 파울루의 메시지를 여러분에게 어떻게 전할까를 고민하다 파울루의 제자이자 오랜 동료였던 모아씨르 가도치의 분석을 활용하기로 했어요. 그는 파울루의 사상을 세 가지로 간추려요. 첫째, 우리는 호기심을 가진 존재라는 거예요. 모든 앎과 실천에 있어 호기심은 없어서는 안 될 연료예요. 주변에서 일어나는 일들을 그냥 지나치지 마세요. 책도 중요하지만 직접 세상 속으로, 사람들 속으로 들어가 여러분의 눈으로 보고, 듣고, 느끼고,

또 생각하기 바랍니다.

　둘째, 우리는 미완성의 존재예요. 이는 불완전한 존재라는 말이 기도 하지요. 우리가 살고 있는 시대는 스스로를 못나게 여기고 남을 무조건 부러워하거나, 자신을 남보다 우월하다고 생각해 다 른 사람을 업신여기는 것과 같은 건강하지 않은 자아상을 가진 사 람이 많아요. '우리는 미완성의 존재'라는 파울루의 말에는 여러 의미가 있겠지만, 그는 이 말을 하고 싶었던 게 아닐까요? "당신은 귀한 존재입니다. 당신이 주인공입니다." 그리고 "다른 사람들 역 시 똑같이 소중합니다. 그들 역시 주인공입니다."

　셋째, 우리가 세상과 연결된 존재로 태어났다는 것은 우리가 사 람들과 그 세상을 공유한다는 것이에요. 그 세상은 변화하고 있 고, 우리 역시 끊임없는 변화 속에 있지요. 지금 우리가 살고 있는 세상의 모습은 분명 누군가가 의도하고 기획했던 것의 결과예요. 당연히 애초에 의도한 것과 다를 수도 있고 분명 부작용도 있겠지만, 중요한 것은 누군가는 이 세계를 만들고 방향을 정하는 데 적극적으로 참여하고 있다는 거지요. 파울루는 세계관을 만들고 그에 따라 세계를 만드는 사람과, 그에 그저 순응하고 그 속에서 사는 사람이 따로 있는 현실을 비판했어요. 지금 살고 있는 환경에, 세계에 문제가 있다고 생각한다면 변화가 일어나기만을 기다리지 말고 우리가 직접 그 변화를 만들어 내야 하지 않을까요?

파울루의 이야기를 듣다 보면 이것이 거창하고 뜬구름 잡는 소리가 아니라는 걸 알 수 있을 거예요. 개인적으로는 이 책을 쓰기 시작할 무렵 개인적으로는 이 책을 쓰기 시작할 무렵 태어난 사랑하는 예쁜 딸 하늘이로 인해 엄마가 되면서 처음으로 나를 진정한 교육의 주체로 생각하고, 교육에 대해 보다 근본적으로, 다양한 각도에서 생각해 보게 됐어요. 이제는 어느덧 자라 초등학교에 입학한 딸을 보며 '내가 그동안 파울루의 메시지를 잘 이해하고 실천해 온 것일까' 뒤돌아보게 되는데요. 역시 파울루를 통해 다시 한번 확신하게 된 것은 우리 모두가 교육자라는 것, 그들이 아니라 내가 내 삶과 내가 사는 세상의 모습에 책임이 있다는 거예요. 우리 한 명 한 명이 그런 생각을 가지고 산다면 과연 세상은 어떤 모습이 될까요? 이 책을 통해 여러분들도 한번 생각해 볼 수 있으면 좋겠습니다.

양은미

1

Paulo Freire

레시피에서 시작된

조금은 다른 세상 읽기

아, 나는 가난하구나

나에게 '회상'이 갖는 의미는 좀 더 특별하다.
먼 옛날 교육자의 길을 걷게 된 계기,
그리고 지금의 내가 되기까지 지나온 여정을 떠올리며
다시 그 의미를 찾아보는 과정이다.

파울루 프레이리, 《희망의 교육학》에서

파울루의 어린 시절은 물질적으로 풍요롭고 걱정할 것 없는 온실 속에서
펼쳐지지 않았어요. 파울루의 집안은 중산층이어서 세상의 차별에서 많
이 보호받기도 했지만, 일상에서는 굶주림을 비롯해 많은 어려움을 겪어
야 했어요. 그런 것들이 파울루를 불행하게 했을까요? 아니요. 오히려 그
가난과 부족함이 파울루의 호기심을 자극했고, 파울루는 그가 살아가는
세상을 좀 더 자세히 적극적으로 탐색할 수 있었어요.

시대적으로 가난했던 그때

파울루는 1921년 9월 19일, 브라질 북동부에 위치한 뻬르낭부꾸_{Pernambuco}주의 헤시피_{Recife}*에서 4남매 중 막내로 태어났어요. 파울루는 까자 아마렐라_{Casa Amarela}라는 작은 마을에서 부모님, 외할머니, 형들과 누나와 함께 살았는데요. 나무가 무성한 마당이 딸린 집이었어요. 그곳은 파울루가 처음으로 경험하게 된 세계였지요.

헤시피는 사탕수수 재배에 많이 의존하고 있는 농업 중심의 지역이었어요. 그런데 제1차 세계대전의 영향으로 사탕수수가 경쟁력이 없어지면서 뻬르낭부꾸는 브라질에서 가장 가난한 지역 중 하나가 됐지요. 파울루의 부모님은 농업에 종사하진 않았지만, 사는 지역의 경제가 어려워진 만큼 파울루네 가정도 예전보다 힘들어졌어요. 게다가 군인이셨던 아버지가 건강 문제로 퇴역하면서 집안 형편은 더욱 어려워졌어요.

파울루의 어머니는 음식이나 생필품 등을 살 돈이 없어 외상으로 물건을 사는 일이 잦았어요.

● 브라질에서 쓰는 포르투갈어에서는 알파벳 'r'이 단어의 처음에 올 때 'ㄹ'이 아니라 'ㅎ'으로 읽는답니다. 한국에도 널리 알려진 축구 선수 '호나우두'의 이름은 Ronaldo라고 써요.

헤시피에서 시작된 조금은 다른 세상 읽기

"죄송하지만…… 이번에도 고기를 외상으로 가져가도 될까요? 다음에는 꼭 갚도록 하겠습니다. 정말 죄송합니다."

어머니는 자존심을 내려놓고 아이들을 먹여 살리기 위해 정중하게 물었지만, 돌아오는 건 경멸스러운 눈빛과 퉁명스러운 거절의 말이었어요. 어머니는 좌절감에 남몰래 눈물을 흘리기도 했지요. 하지만 지혜로운 어머니는 집 마당에 토마토, 케일, 상추 등 다양한 채소를 심어 빈곤한 식탁을 채우려고 노력했어요. 아버지는 가족의 생계를 위해 여러 가지 일을 시도했는데요. 나무로 의자나 책상 등을 만들어 팔거나, 도자기 인형이나 장난감 등을 큰 도시에서 사다가 동네 가게에 팔기도 했어요. 하지만 모두 생각만큼 잘되진 않았죠.

"여보, 이번에는 사탕수수 재배 지역에 가서 싼 가격에 하빠두라●를 가져다 팔아 보려고 해요."

우연히 부모님이 나누는 대화를 듣게 된 파울루는 생각했어요.

'나도 아버지를 도와 하빠두라를 팔러 다녀야겠어!'

열 살배기 꼬마 파울루는 자신도 부모님을 위해 뭔가를 하고 싶었어요. 하지만 문득 아버지의 자존심에 상처를 줄 수도 있다는

● 하빠두라(rapadura) 사탕수수를 갈고 남은 국물을 작은 벽돌 모양의 틀에 굳혀 만든 거예요. 맛이 달아서 어른이나 아이 모두 좋아하는 간식거리랍니다.

파울루가 태어나고 유년 시절을 보낸 집

생각이 들었어요. 그 당시 빈곤층의 어린 자녀들이 거리로 나가 물건을 팔거나 부모님의 농사일을 돕는 건 흔한 일이었지만, 파울루의 아버지는 자녀들이 공부를 뒤로하고 일하는 걸 원치 않으셨거든요. 파울루는 아버지의 자존심에 상처를 주지 않으면서 조금이라도 힘이 되어 드리고 싶어서 얼마간 아버지 몰래 하빠두라를 파는 일을 했답니다.

여기서 잠깐

당시 뻬르낭부꾸의 경제난

당시 뻬르낭부꾸주를 비롯한 북동부는 설탕의 재료인 사탕수수 산업을 기반으로 한 지역이었어요. 16세기 중반부터 18세기 중반까지는 소위 '사탕수수 주기'라고 하는 시기로 북동부의 식민화가 노예 노동력을 바탕으로 한 설탕 산업을 중심으로 이루어졌어요. 이 시기 중 1630~1654년까지는 브라질을 식민화하여 대서양 무역을 독점하고자 했던 네덜란드가 뻬르낭부꾸를 침공하여 점령한 기간이었어요. 브라질은 포르투갈 본국과 영국군과의 협공으로 네덜란드를 브라질 영토에서 몰아낼 수 있었지만, 네덜란드의 철수와 함께 설탕 산업 역시 쇠퇴의 길에 들어섰어요. 네덜란드가 다른 지역에서 설탕을 생산하고, 다른 나라들 역시 유럽의 다른 식민지들에서 설탕을 대량으로 생산하면서 브라질 사탕수수의 경쟁력도 떨어지게 됐죠. 결국 뻬르낭부꾸는 가난한 지역이 되었고 수많은 사람이 안정적인 일터를 잃고 가난과 힘든 싸움을 시작해야 했어요. 파울루가 태어난 후에는 1929년 세계 대공황으로 세계 경제가 몹시 힘든 시기를 겪고 있었고, 브라질 역시 그 여파를 피해갈 수 없었답니다.

가난했지만 행복했던 어린 시절

부모님은 상황이 좀 더 나아지기를 기대하며 뻬르낭부꾸주의 작은 도시인 자보아떠웅Jaboatão으로 이사를 결심했어요. 히우지자네이루Rio de Janeiro에서 상인으로 큰 성공을 거둬 파울루네 집에 매달 돈을 보내 주던 외삼촌도 뉴욕 주식 폭락으로 사업이 부도나면서 더는 도와줄 수 없게 됐기 때문이에요. 부모님의 간절함에도 불구하고 이사한 후에도 가정 형편은 나아지지 않았어요.

하지만 파울루는 우울해 하거나 슬퍼하지 않았어요. 훗날 16년의 망명이 끝나고 브라질에 돌아와 활동하던 중 시인이자 편집자인 세르지우 콘과의 대담에서 파울루는 이런 질문을 받은 적이 있어요.

"가난했는데도 어린 시절을 행복했다고 기억하나요?"

이 질문에 그는 당연하다는 듯 이렇게 대답했어요.

"네, 행복했어요."

배고픔이 고통스러운 것임은 분명해요. 실제로 파울루는 당시 배가 너무 고파 수업 시간에 몰려오는 졸음과 무력감에 공부에 집중할 수 없었다고 회상하기도 했답니다. 하지만 그것이 당시 파울루를 불행하게 하거나 미래의 불행을 결정짓지는 않았어요. 비록 물질적인 빈곤함 때문에 신체적으로 배부르게 먹진 못했어도 늘 부모

헤시피에서 시작된 조금은 다른 세상 읽기

님의 사랑이 그의 마음을 든든하게 채워 주었다고 그는 말해요.

"나는 부모님이 나와 우리 남매들을 사랑하신다는 것, 또 두 분 끼리도 서로 사랑하신다는 것을 한 번도 의심한 적이 없어요."

가난이 가져다준 선물

어린아이였던 파울루는 배가 많이 고플 때면 동네 사람들의 마당에서 서리를 해서 해결하곤 했어요. 자까*, 망고, 바나나가 단골 메뉴였지요. 파울루와 형은 동네 사람들의 마당 지리를 완벽히 꿰뚫고 있었어요. 또 부드러운 마른 잎에 바나나를 싸서 구덩이에 묻으면 바나나가 빨리 익는다는 것도 알고 있었죠.

"당시 초등학생이었던 그때 4 곱하기 4가 뭔지, 영국의 수도가 어딘지는 몰라도 정확히 며칠 후에 우리만의 비밀 구덩이로 돌아가야 가장 맛있는 바나나를 먹을 수 있는지는 귀신같이 알았어요."

이렇게 파울루는 배고픔 덕분에 틀에서 벗어나 자유롭게 사고할 수 있었어요. 만약 모든 게 풍족했다면 새롭게 시도해 볼 생각을 안 했을지도 몰라요.

● **자까(jaca)** 영어로 잭프루트jackfruit라고 하는 자까는 커다란 타원형에 오돌토돌한 표면을 가진 열대 과일이에요. 일부 시골 지역에서는 주식으로 삼기도 하는데 주로 과육은 그대로, 또는 잼이나 음료의 형태로 먹기도 하고, 씨는 굽거나 삶아 먹기도 합니다.

이렇게 파울루의 어린 시절은 편안함과는 거리가 멀었어요. 하지만 파울루는 드러난 길, 넓고 곧은 길, 쉬운 길 대신 가려진 길, 좁고 울퉁불퉁한 길, 어려운 길을 탐험할 기회를 가질 수 있었죠. 파울루는 가족 간의 사랑과 믿음 위에서 마음 놓고 자신의 세계를 탐험했어요. 훗날 그는 자신의 유년 시절을 회상하며 자신 있게 말해요.

"나는 내 세계를 열정적으로 살았어요."

태어나서 처음 살았던 헤시피의 큰 마당이 딸린 집, 그리고 자보아떠웅으로 이사한 후에는 그곳의 강들과 그 주변이 바로 파울루의 세계였어요. 특히 자보아떠웅이라는 새로운 세계를 그는 형과 함께 열심히 돌아다녔어요. 사방이 뚫린 곳에서 어딘가를 향해 가는 강물의 흐름은, 집 앞마당이라는 작고 닫힌 세계에서 살았던 파울루의 호기심을 자극했어요. 강둑에서는 많은 것을 할 수 있었는데요. 강에서 온갖 물고기와 새를 잡기도 하고, 어떤 규칙이나 수영법에 구애받지 않고 친구들과 신나게 헤엄치기도 했어요. 강변에 있던 운동장에서 햇살을 받으며 했던 축구도 빼놓을 수 없지요. 거기서 사귄 우바우지누 피게이로아라는 친구에게서 몰래 강변 뒤편으로 가는 모험도 배울 수 있었답니다.

파울루의 그런 자세는 훗날 파울루가 교육자로서 깊이 공감한 말을 생각나게 해요. 스위스 태생의 피에르 푸르터가 《생명의 교육학》에서 쓴 말을 파울루가 《페다고지》에 인용한 것인데요.

"세계는 내게 공간이 아니라 범위다. 즉 내가 적응할 수밖에 없는 무거운 현재로 강요되는 게 아니라 내가 행동하는 것에 따라 형성되는 영역이다."

내가 속한 세계가 작든 크든, 중요한 것은 그 세계를 어떻게 살아갈 것인가에 대한 우리의 선택이 아닐까요? 파울루는 우선 그 세계를 최대한 경험하는 것을 택했어요. 그에게 지금 자신이 처한 현실은 그저 인정하고 순응해야 하는 숙명이 아니라 필요하면 바꿔야 할, 그리고 바꿀 수 있는 상황이었던 거죠. 그의 이러한 성향은 훗날 기득권자들에게 체제에 대한 '반항'으로 비춰지게 돼요. 파울루를 높이 평가하는 이들은 그걸 '도전'이라 하고요.

중산층과 빈민층, 두 세계에 걸친 유년 시절

경제적인 어려움으로 유년 시절의 기억 속에 배고픔은 늘 따라다녔지만, 사실 파울루의 가족은 중산층에 속했어요. 아버지와 어머니 모두 중산층 가정에서 자랐고, 특히 아버지는 직업 군인에 프랑스어까지 구사했어요. 부모님은 중산층 가정의 교양과 자부심, 지식에 따라 행동하고 또 아이들을 그렇게 가르쳤어요. 매일 배고픔에 시달리면서도 집에는 독일제 피아노가 있고 아버지는 여느 신사처럼 넥타이를 매고 다니는 모습을 어떻게 생각하나요?

피아노와 넥타이는 그의 부모님에게 가난의 고통을 견딜 수 있게 해 주는 힘이자 중산층이라는 사회적 계급을 유지하게끔 해 주는 상징과도 같은 거였어요. 나 자신과 남들에게 보내는 '내가 비록 지금 가난하지만 난 당신이 함부로 대할 사람이 아니에요'라는 무언의 메시지인 거죠. 파울루의 가족을 중산층에 남아 있게 했던 물건들은 시간이 지나면서 차차 버려졌지만 넥타이와 피아노만큼은 그렇지 않았어요. 특히 피아노는 파울루가 노인이 되어서까지도 간직하고 있었답니다.

파울루도 나름대로 자신이 속한 두 세계를 열심히 살아가고 또 해석했어요. 그는 보통의 어린아이들처럼 아무런 걱정 없이 친구들과 축구와 수영을 하고 연날리기도 했지만, 동시에 가족이 겪고 있던 굶주림을 둘러싼 고통과 고민을 함께 느껴야 했으니까요. 같이 노는 친구 중에는 부잣집 아이도 있고 빈민촌에 사는 가난한 집 아이도 있었어요. 물론 자기처럼 중산층에 속하지만, 형편이 좋지 않은 친구도 있었지요. 그는 아직 어렸지만 학교에서도 자신과 친구들 간의 차이를 느낄 수 있었어요. 당시에는 어려서 그것을 어떻게 표현할지 몰랐지만, 그건 말하자면 '계급 혹은 계층의 차이'였던 거지요.

'계급' 또는 '계층'이란 것은 참 묘해요. 한번은 어린 파울루가 아주 먹음직스러운 파파야 열매를 발견하고 훔치려다가 주인에게 들켜 버렸어요.

"너 이 녀석! 부모님이 아시면 뭐라고 하시겠니? 남의 물건을 훔치는 건 장난삼아 할 일이 아니다."

"잘못했어요. 파파야가 너무 예뻐서……."

파울루는 겁에 질려 기어들어 가는 목소리로 변명했지만, 도망치지도 못하고 주인의 도덕과 윤리에 관한 일장 연설을 듣고 난 후에야 풀려났어요. 하지만 그의 집안 배경 때문에 그나마 도둑질이 어린아이의 장난으로 용서가 됐던 거예요. 반면, 빈민촌에 사는 친구들은 이런 경우 훈계는 물론이고 부모를 모독하는 말까지 듣기 일쑤였답니다.

파울루는 사실 장난이라기보다는 실제로 배고파서 훔친 경우가 많았어요. 그런데도 자신의 배경 때문에 여러 번 면죄부를 받게 되면서 가난하고 학벌이 낮은 부모를 둔 친구와 자기 사이에는 분명한 차이가 있다는 걸 느낄 수 있었죠. 집안 배경의 차이로 그들을 향한 '시선'과 '대우'가 달라짐을 경험한 파울루는 깊은 생각에 빠졌어요. 그 깨달음은 아직 어린 파울루에게도 그리 유쾌하지는 않았던 것 같아요.

파울루의 표현대로 그의 유년 시절은 이렇게 '두 세계'에 걸친 것이었어요. 분명 그는 배고픔에도 불구하고 행복했지만, 중산층과 빈민층의 세계를 모두 들여다보고 또 직접 겪으면서 또래보다 훨씬 성숙하고 진지한 아이로 성장해 갔어요. '이것도 저것도 아닌' 혹은 '둘 다인' 자신의 애매한 위치에 대해서도 많은 생각을 하게 됐지요. 조숙한 시선으로 세계와 사람들을 관찰하고, 생각에 잠겼어요. 그 과정은 훗날 파울루가 비판적 의식을 가진 교육자의 길로 접어들게끔 만든 수많은 궁금증과 질문을 가져다주었답니다.

여기서 잠깐

'중산층'이란?

사실 '중산층'이란 개념 자체가 참 모호해요. 가장 기초적으로는 경제적 수준에 따라 대략 상중하로 분류하지만, 상류층, 중산층, 빈곤층은 단순히 경제적 차원의 계층이라기보다는 우리가 흔히 말하듯 '사회' 계층이에요. 계층을 나누는 데 있어 경제력뿐 아니라 학식, 교양, 문화생활, 인맥 그리고 명예 등이 중요한 '자본'으로 간주되는데요. 어떤 자본을 얼마큼 갖춰야 어느 계층에 속한다는 기준은 없어요. 다만 개인이 속한 지역, 국가, 도시, 동네 등 다양한 공동체마다 사람들이 공공연하게 동의하고 모방하는, 각 계층의 자격 조건 같은 것들이 존재하죠. 그래서 사람들은 '이 정도는 가져야 수준 있는 사람으로 보일 거야'라고 생각하며 자신이 속한 공동체 내에서 통하는 물건, 외모, 실력, 인맥을 갖추려고 노력하기도 하죠.

나의 어머니,
나의 아버지

저는 아이들이 무엇이든 마음대로 할 수 있는,

이른바 '자유의 폭정'을 겪고 있는 가정들을 보면 안타깝고 걱정이 됩니다.

스스로를 자유의 대가라고 여기는 부모들의 무사안일한 권위 앞에

그 아이들은 소리치고, 벽에 낙서를 하고, 집에 찾아오는 손님을 위협하지요.

파울루 프레이리, 《Pedagogia da indignação(의분의 교육학)》에서

파울루가 어머니와 아버지로부터 받은 최고의 유산은 대화하는 삶과 배움의 기회라고 할 수 있어요. 그들은 부모로서의 권위를 중요하게 여겼지만 자식들에게 늘 합당한 자유를 허용하고 항상 대화의 문을 열어 두었지요. 그런 부모님 밑에서 파울루는 가장 가난했을 때조차도 부모님의 사랑을 확신하며 삶에 찌들지 않을 수 있었어요. 특히 파울루가 열세 살 때 아버지가 세상을 뜬 후, 집안 형편이 더 어려워졌지만 아들의 상급 학교 진학을 위해 힘썼던 어머니 덕분에 그는 배움의 길을 포기하지 않을 수 있었어요.

군인 아버지에게서 배운 부드러운 권위

파울루의 어릴 적 기억 속의 어머니와 아버지는 항상 열린 자세로 자녀들을 대하는 분들이었어요. 흔히 아버지의 직업이 군인이라고 하면 권위주의적이고 가부장적인 모습을 떠올리게 되지요. 파울루의 아버지도 군인이었기에 당연히 권위에 대한 존중과 규율을 중요하게 생각했어요. 하지만 그것이 그의 아버지를 가부장적이고 권위주의적인 남편, 아버지로 만들지는 않았답니다.

"아버지는 정당한 권위를 존중하고 존중받는 것을 중요하게 생각하셨어요."

서로 존중하고 존중받는 권위와 대화를 거부하고 무조건 복종만을 요구하는 권위주의는 엄연히 다르죠. 파울루와 형제들은 부모님이 부모로서의 마땅한 권위를 중시하는 동시에 그만한 자유 또한 자기들에게 있음을 알 수 있었어요. 그리고 그것을 생활 속에서 충분히 누렸답니다. 말하고 싶은 것을 말하고 또 행동할 자유 말이지요.

아버지는 어머니와도 거의 모든 일에 대해 자주 대화를 나눴고, 자식들과도 늘 대화를 시도했답니다. 퇴역하고 잠깐 목수로 일하던 때에는 파울루와 형들을 그 곁에 앉히고 이런저런 이야기를 나눴어요.

헤시피에서 시작된 조금은 다른 세상 읽기

"애들아, 저 자투리 나무로 뭘 만들면 좋겠니?"

"아기들이 앉을 작은 의자는 어때요?"

"인형이요! 아빠, 작은 인형이 하나 있으면 좋겠어요!"

아버지는 귀찮아 하지 않고 아이들의 이야기를 들어 주었을 뿐 아니라 아이들의 호기심을 자극하는 주제들을 먼저 제시하기도 했어요. 그리고 본인은 되도록 말을 아끼고 파울루와 아이들의 생각과 말을 이끌어 내며 경청하곤 했지요.

그 덕분에 파울루는 주위를 둘러싼 환경, 일어나는 일들에 대해 다시 한 번 생각해 보고 또 다른 질문들을 만들어 갈 수 있었어요. 질문이란 것은 그 자체가 호기심의 발동이지만, 연달아 또 다른 호기심을 자극하고 생각을 유도하거든요.

망고 나무 그늘 아래서 깨친 글자

"나는 우리 집 마당의 망고 나무 그늘 아래 땅바닥에 앉아 글자를 깨우쳤단다. 우리 부모님이 속한 더 큰 세계가 아니라 바로 내 세계에서 쓰는 말들로 말이지. 땅바닥이 내 칠판이었고, 나뭇가지가 바로 분필이었어."

사람들이 어떻게 글을 배웠느냐 물으면 파울루는 늘 이렇게 말했어요. 마당에 있던 망고 나무에는 아버지가 매어 놓은 해먹이

드리워져 있었어요. 아버지는 한가롭게 앞뒤로 흔들리는 해먹에 몸을 맡기고 있고, 어머니는 나무 옆 의자에 앉아 파울루의 선생님이 되곤 했지요. 파울루가 글자를 배우는 데 매끄러운 칠판과 종이, 잘 깎인 연필이나 분필이 없는 것은 아무 문제가 되지 않는 듯했어요. 학교에 들어가기 전 파울루는 이렇게 부모님과 함께 집 마당에서 별다른 도구 없이 자유롭게 말과 글을 배웠답니다. 여섯 살에는 이미 읽고 쓸 줄 알았지요.

여러분도 아마 방법은 다르지만 학교에 들어가기 전 어머니나 아버지와 함께 우리말과 글을 공부했을 거예요. 어떻게 지금처럼 말도 잘하고 글도 잘 읽고 쓰게 됐는지 한번 기억을 더듬어 보세요. 파울루의 부모님은 파울루가 속한 어린아이의 세계에서 쓰는 말, 어린 파울루가 경험한 것에서부터 출발했어요. 예를 들면, 마당의 나무 기둥에 개미가 기어가는 걸 보고 파울루가 손뼉을 치면 어머니는 파울루의 신기함을 함께 나누는 거예요.

"그래, 그게 개미란다. '개-미'. 한번 말해 볼래?"

그러고 난 다음 그것을 글자로 써서 보여 주는 거지요. 또 살랑살랑 얼굴을 간지럽히는 바람에 눈을 사르르 감는 파울루의 표정도 놓치지 않았을 거예요.

"방금 누가 우리 파울루의 볼을 간지럽혔을까? 보이지는 않는데 분명 무언가 지나간 것 같지? 그건 '바람'이라는 거야."

헤시피에서 시작된 조금은 다른 세상 읽기

파울루가 '바—람'이라고 소리 내어 말하면, 또 그 단어를 써서 보여 주고 파울루도 직접 써 보게 했을 거예요.

그럼 감정은요? '행복하다'라는 감정이 무엇인지는 어떻게 배우고, 어떻게 그것을 소통할 수 있게 됐을까요? 먼저 사랑하는 엄마와 아빠가 파울루를 안아 줬을 때, 배고픈 파울루의 손에 바나나가 쥐어졌을 때 파울루가 느끼는 만족감을 공유했을 거예요.

"아, 파울루가 이렇게 좋아하는 걸 보니 엄마, 아빠는 참 행복해!"

이렇게 그 감정을 먼저 실제로 체험함으로써 그 말의 의미를 배우게 됐을 테지요. 그런 체험을 몇 번 반복하다가 어느 날 엄마의 품에 안겨 맛있는 과자를 먹다 불현듯 혼자 말하는 거예요.

"아, 파울루는 행복해요."

이렇듯 파울루가 어린 시절 그렇게 부모님에게서 배운 언어들은 책 속에만 존재하거나 감이 잡히지 않는 추상적인 문자들이 아닌, 실제 그가 지난날 '살았던' 또는 현재 '살고 있는' 것들이었지요. 글이나 말을 먼저 배우는 것보다 실제로 그 말을 경험하는 게 먼저였던 거예요. 아래 파울루가 남긴 말은 바로 그런 의미죠.

"세상을 읽는 것이 글을 읽는 것보다 먼저다."

아버지의 죽음

열세 살이 되던 해, 파울루는 아버지를 잃는 슬픔을 경험하게 돼요. 그전에도 아버지가 돌아가실 뻔한 적이 있었는데요. 어머니는 막내인 파울루를 위해 쓴 책 《Livro do bebê(아기의 책)》에서 그때를 이렇게 회상해요.

"파울루는 온 가족이 슬픔에 젖어 있던 어느 월요일에 태어났어요. 아이의 아버지는 깊이 병들어 있었고 회복되기 힘들어 보였죠. 파울리뉴●는 거의 고아로 태어날 뻔했어요. 하지만 선하신 예수님께서 그를 그러한 불행에서 건져 주셨어요. 그 애 아버지에게 건강을 되돌려 주시는 놀라운 선물을 주셨답니다."

파울루의 아버지는 다행히 죽음의 고비는 넘겼지만, 그 후로도 계속 건강이 좋지 않았고 파울루가 태어난 지 얼마 안 됐을 때 동맥경화로 군대에서 퇴임해야만 했어요. 그리고 안타깝게도 1934년에는 병을 이기지 못하고 세상을 뜨고 말았죠. 1934년 10월 31일 일요일이었어요. 아버지는 나흘 전부터 위독해 보였어요. 하지만 일요일 아침, 아버지의 얼굴을 본 가족들이 들떠 외쳤어요.

● **파울리뉴** 포르투갈어에서는 친근함과 애정을 담기 위해 이름 뒤에 '-(z)inho(남자)'나 '-(z)inha(여자)'를 붙여 부른답니다. Paulo의 경우에는 끝의 'o'를 빼고 Paulinho, 즉 '파울리뉴'라고 부르면 되는 거지요.

헤시피에서 시작된 조금은 다른 세상 읽기

"애들아, 아버지가 무척 평온해 보이셔. 어쩌면 다시 일어나 전처럼 우리와 함께 사실 수 있을지도 몰라!"

신기하게도 평온을 되찾은 아버지를 보고 가족들은 희망을 가지기 시작했지요. 하지만 저녁 무렵 아버지를 다시 보러 갔을 때 그 희망은 더 큰 절망으로 다가왔어요. 인정하기 어려웠지만 죽음이 가까이 왔다는 걸 느낄 수 있었어요. 파울루는 그때의 감정을 이렇게 표현해요.

"나는 예견된 향수, 커다란 공허감, 형언할 수 없는 고통이 뒤섞인 공포에 사로잡혔다."

결국 아버지는 세상을 떠났고, 어렸던 파울루는 자신의 방식으로 아버지의 죽음을 직면해 나갔어요. 고통스러운 사건이었지만, 한편으로 이미 태어날 때 아버지를 잃을 뻔했던 파울루에게 13년이라는 시간의 의미는 매우 컸을 거예요. 비록 긴 시간은 아니지만 13년 동안 아버지와의 동행은 그의 생애에 지울 수 없는 영향을 끼쳤답니다.

아버지가 돌아가시고 파울루네 형편은 더 어려워졌어요. 하지만 어머니를 비롯해 온 가족이 생계를 위해 열심히 일한 덕분에 1936년이 되자 형편이 좀 나아졌지요. 아르망두 형이 시청에 취직하고 스텔라 누나가 초급 교사로 일하기 시작했거든요. 떼미스또끌레스 형도 한 회사에서 작은 일거리를 얻었고요. 형과 누나들

《아기의 책》
어머니는 파울루가 아기 때부터 그와 관련된 일상,
어머니의 생각과 느낌들을 이 책에 기록했어요.

은 열심히 일해서 번 돈을 파울루를 위해 아낌없이 썼어요.

"파울루, 너만이라도 제대로 공부해서 꿈을 이뤘으면 좋겠어. 학비는 우리가 있는 힘껏 도울게."

훗날 위대한 교육자로 알려지게 된 파울루에게도 공부하는 것, 학교에 간다는 것은 쉽게 얻어진 기회가 아니었어요. 그렇게 되기까지 가족이 걸어온 고된 여정에서 어머니의 힘겹고 의연한 싸움은 어머니가 돌아가신 후에도 파울루의 가슴을 먹먹하게 했어요.

아, 어머니! 나의 어머니!

1977년 10월의 어느 날, 스위스 제네바에서 세계적인 규모의 성인 교육 프로그램 학술 대회가 열리고 있었어요. 그 행사의 책임자이자 발표자로 참여하게 된 파울루는 집무실에서 손님들과 마주하고 앉아 있었어요. 우편물과 서류 더미를 잔뜩 안고서 그는 울고 있었어요.

"죄송합니다. 저희 어머니가 며칠 전 브라질에서 돌아가셨거든요. 제 아내는 아프리카에 있고 저는 지금 제네바에 혼자 있답니다. 제발 저와 함께 잠시 있어 주세요."

파울루는 슬픔에 잠겨 이야기를 이어 나갔어요.

"어머니를 못 만난 지 벌써 13년째인데, 이제 다시는 어머니를 볼 수가 없어요······."

생전 어머니의 모습, 어머니와의 추억들을 떠올리며 파울루의 목소리는 깊게 잠겼어요.

파울루가 교육자의 길을 걸으면서 정부의 핍박을 받아 여러 나라를 다니는 동안에도 그는 늘 어머니를 떠올리며 힘을 얻었어요. 감시망을 피해 비밀리에 어머니와 주고받았던 편지에서도 어머니에 대한 무한한 애정을 느낄 수가 있지요. 앞서 말한 《아기의 책》에서 어머니는 파울루가 얼마나 애정이 많고 심지어 질투가 심했는지 기록하고 있어요. 특히 어머니를 너무 좋아해서 형과 누나들이 어머니 가까이 오면 화를 내며 쫓았다고 해요.

"저리 가, 저리 가! 내 엄마야!"

그렇게 파울루에게 특별한 분인 어머니의 임종을 지키지 못하고 머나먼 타지에서, 홀로 어머니와의 추억과 상실감을 감당해야 했던 파울루의 심정이 어땠을까요?

"제 기억 속의 어머니는 가정을 지키기 위해 열심히 살아오신 분이셨어요. 힘든 상황에서도 쉽게 포기하지 않고 늘 최선을 다하셨죠. 어려운 형편에서도 제가 계속 공부할 수 있는 방법을 생각해 내셨어요."

파울루는 열여섯 살에 학업을 중단해야 할 위기에 처했어요. 당시 부유한 집의 아이들은 이미 대학에 다니는 나이였지요. 자보아

헤시피에서 시작된 조금은 다른 세상 읽기

떠웅에는 초등학교밖에 없었기 때문에 헤시피에 있는 한 학교에서 어렵사리 중학교 1학년 과정을 마쳤는데, 곧 그마저도 어렵게 됐어요.

"파울루, 이제 네 학비를 감당하기가 힘들구나."

다니던 학교를 그만두어야 했지만 그렇다고 어머니가 아예 공부를 그만두라고 하신 것은 아니었어요. 어머니는 그날부터 매일 기차를 타고 헤시피와 자보아떠웅을 오갔어요. 학비를 내지 않고 아들이 공부할 수 있는 학교를 찾아서 말이죠. 반복되는 거절의 대답을 수차례 듣고 난 뒤 결국 찾아낸 곳이 오스바우두 끄루스 학교였고, 그곳에서 파울루는 교장 선생님 알루이지우 아라우주 박사를 알게 되었어요.

"좋습니다. 댁의 아드님이 저희 학교에서 공부해도 좋습니다."

그날 어머니는 기쁨에 가득 찬 얼굴로 집에 돌아와 이렇게 말했어요.

"얘야, 이제 됐다! 알루이지우 박사님이 요구하는 것은 딱 하나! 네가 열심히 공부하는 거란다!"

내 인생의
선생님들

사랑만으로 충분하지 않다는 것을 알지만,

학생을 사랑하지 않고 교사가 되는 것은 불가능하다.

가르치는 일을 사랑하지 않고 교사가 되는 것도 불가능하다.

파울루 프레이리, 《자유의 교육학》에서

교육자의 길을 걷게 된 파울루에게 '선생님'이라는 존재는 어떤 의미였을
까요? 그는 살면서 어떤 선생님들을 만났을까요? 그 선생님들과 어떤 관
계를 가졌고 그에게 어떤 영향을 끼쳤을까요? 파울루는 자주 그의 인생의
선생님들을 떠올리며, 단순하고 일방적인 '가르침'이 아닌 선생님들과의
'소통', '관계'가 그의 인생에 어떤 힘을 발휘했는지를 말해요. 여러분은 지
금까지 만난 선생님들을 기억하나요? 선생님들은 여러분에게, 그리고 여
러분은 선생님에게 어떤 영향을 주었을까요?

헤시피에서 시작된 조금은 다른 세상 읽기

에우니시 바스꽁셀루스 선생님

에우니시 바스꽁셀루스 선생님은 파울루가 헤시피에 살 때 가정을 벗어나 최초로 '학교'라는 곳에서 가르침을 받은 첫 번째 선생님이었어요. 선생님의 이름을 딴 아주 작은 사립 학교였지요. 에우니시 선생님은 '언어' 현상을 둘러싸고 있는 문제들, 특히 브라질 언어인 포르투갈어에 대해 처음으로 파울루가 애정을 가지고 바라볼 수 있도록 이끌어 준 사람이었어요.

"에우니시 선생님은 어린아이였던 제게 이렇게 말하는 것 같았

여기서 잠깐

브라질의 언어가 포르투갈어가 된 이유

1500년에 지금의 브라질 땅이 포르투갈에 의해 공식적으로 '발견'되고, 1532년에 본격적인 식민화가 시작됐어요. 사실 말이 발견이지 이미 이 땅에는 여러 원주민 부족들이 살고 있었어요. 식민화의 중심이었던 해안 지대에서 쓰이던 뚜삐(Tupi)어가 포르투갈어와 함께 식민지 공용어로 사용되었는데요. 1757년에 포르투갈 왕실이 원주민 언어의 사용을 금지하면서 1759년부터는 포르투갈어가 브라질의 공식 언어로 굳어졌답니다. 그러나 포르투갈어는 수많은 원주민 언어는 물론 그 후 브라질에 들어온 아프리카 여러 부족과 유럽과 아시아 등 거의 전 세계에서 유입된 이민자들의 영향을 강하게 받았어요. 그래서 오늘날 포르투갈과 브라질에서 쓰이는 포르투갈어는 억양, 문법, 어휘 등 여러 면에서 서로 다르답니다.

어요. '파울루, 우리가 언어를 말하는 방식이 얼마나 아름다운지 잘 보렴.'"

선생님은 파울루를 그저 가르쳐 주는 대로 의문 없이 받아들이는 존재가 아니라 자신과 동등한 위치에 있는 존재로 대해 주었어요. 파울루는 그때 여섯 살밖에 안 된 어린아이였는데도 말이죠.

선생님과 함께한 1년 남짓한 시간 동안 파울루의 기억에 가장 크게 남았던 것은 '문장 만들기'였다고 해요.

"파울루, 네가 아는 말들을 한번 말해 볼래? 어느 것이든 좋아."

"음…… 망고 나무, 개미, 엄마, 아빠, 예쁘다, 배고파, 또……"

파울루는 신나게 자기가 아는 단어를 줄줄 말하는 거예요. 그럼 선생님은 파울루를 격려하며 그 단어들을 써 보도록 하는 거죠. 그리고 이어서 다른 과제를 줘요.

"이번에는 그 단어들로 더 긴 말들을 만들어 볼까? 문장을 만들어 보는 거야. '개미가 망고 나무를 기어 올라간다'처럼."

"엄마는 예뻐요!"

"이건 어때? '우리 엄마는 정말 예뻐요!'"

"제가 할래요! '파울루 엄마는 세상에서 가장 예뻐요!'"

이런 식으로 단어를 덧붙여 나가며 점점 더 길고 복잡한 문장도 말할 수 있게 되는 거지요. 선생님은 그 문장들을 절대 먼저 '쓰라고' 하지 않았어요. 먼저 '소리 내어 말하도록' 한 다음 쓰는 연습

헤시피에서 시작된 조금은 다른 세상 읽기

을 시켰답니다.

이 문장 만들기 놀이는 파울루가 자신이 말한 내용을 글로 쓰는 데서 끝나지 않았어요. 문장을 구성한 단어 하나하나의 의미, 특히 그것이 파울루의 일상에서 가지는 의미에 대해서도 이야기 나눴지요. 그럼 문법은 어떻게 배웠냐고요? 자신이 하고 싶은 말을 표현하기 위해 노력하는 과정에서 자연스럽게 익힐 수 있었답니다.

파울루가 재미를 느낀 포인트는 두 가지라고 할 수 있는데요. 첫째는 교육자나 교과서가 제시한 범주가 아닌, 학생의 경험에서 단어를 뽑아냈다는 것. 둘째는 그 단어들을 '쓰는 것'이 아닌 '말하는' 것에서 출발했다는 것이었답니다. 즉 개인의 경험과 능력과 동떨어진 학습법이 아니라, 자신이 직접 경험하고 말하고 있는 것들 자체가 학습 방법이자 대상이 되었던 거지요.

오스바우두 끄루스 재학 시절 만난 선생님들

오스바우두 끄루스 학교에 입학하면서 인연이 시작된 알루이지우 박사와 그 부인이자 동료였던 제노비 선생님은 파울루의 인생에서 가장 고마운 사람들 중 하나예요. 우리가 기억하는 세계적인 교육자로서의 파울루 프레이리가 되는 데 결정적인 영향을 준 인물들이기도 해요.

"만약 오스바우두 끄루스 학교에 가지 못했다면, 그 후 제가 지나온 모든 여정을 경험할 수 없었을 거예요."

파울루는 정말 열심히 공부했어요. 그도 그럴 것이 이 학교를 찾은 것은 어머니의 결단과 노력의 산물이기도 하지만, 파울루의 공부에 대한 욕심과 확신이 없었다면 아마 인연이 닿지 않았을 거예요. 사실 어머니는 매일 기차를 타고 학교를 찾아 헤시피와 자보아떠웅을 오간 끝에 여비를 감당하지 못해 거의 포기할 뻔했거든요. 그러던 중 파울루가 어느 날 어머니에게 확신에 찬 표정으로 말한 거예요.

"엄마, 한 번만 더 부탁드릴게요. 한 번만 더 헤시피에 가 주세요. 이번이 마지막이에요."

그렇게 해서 찾아낸 곳이 바로 이 학교였으니, 파울루의 각오가 얼마나 대단했을까요! 알루이지우 선생님은 그날 간절한 눈빛을 한 어머니를 보고 재차 물었다고 해요.

"아드님이 정말 공부를 하고 싶어 하나요?"

어머니는 주저함 없이 대답했죠.

"그럼요!"

그렇게 자보아떠웅에서 기차를 타고 헤시피에 있는 학교로 공부하러 다니는 일상이 시작됐어요. 중간중간 멈추는 기차역들, 그 여정에서 보는 풍경과 사색도 훗날 학창 시절을 떠올릴 때 마치

헤시피에서 시작된 조금은 다른 세상 읽기

향기와도 같이 파울루의 기억 속에 오래 남아 있었겠지요? 파울루는 다른 학생들보다 뒤늦게 입학했기 때문에 처음에는 다소 소심한 모습을 보이기도 했지만, 곧 학교생활에 익숙해지면서 친구들과도 잘 어울렸어요. 헤시피 대학교에서 법을 공부하던 젊은 선생님 조제 뻬쏘아 다 시우바 선생님은 수업 외 시간에도 파울루에게 여러 가지를 가르쳐 주셨어요. 이미 에우니시 선생님 등 어린 시절의 선생님들의 영향으로 언어에 대한 관심이 남달라서였을까요? 파울루는 언어에 큰 매력을 느끼게 됐어요.

"파울루, 언어와 문학의 권위자들을 만나 이야기도 나누고 가르침도 받아 보는 게 어떻겠니?"

그는 뻬쏘아 선생님의 소개로 여러 선생님들과 만나 볼 수 있었어요. 언어와 문학이라는 두 분야를 함께 접목해서 문법이란 틀에 매이지 않으면서도 아름다운 언어를 구사하는 법을 알게 되었죠. 그중 브라질의 작가인 조제 브라질레이루와 라틴학자 조제 로우렝수 지 리마, 그리고 당시 최고의 포르투갈어 교사로 인정받고 있던 모아씨르 지 아우부께르끼와 파울루는 오랫동안 만남을 유지하며 지식과 우정을 쌓아 갔어요.

그런데 아마 파울루는 이 시절 자신의 외모에 무척 자신이 없는 소년이었던 것 같아요.

"가난했던 탓에 잘 먹지 못해 비쩍 마르고 옷도 볼품없었지요.

파울루 프레이리, 삶을 바꿔야 진짜 교육이야

내성적이기까지 했어요. 돈이 없어 치통이 있어도 치과에 가지 못해 치아 상태가 안 좋았어요. 통증도 심했지만 이 모양이 드러날까 봐 웃는 법을 바꾸려고 애쓰기도 했지요."

그래서인지 관심 있는 여학생에게 말 한마디도 건네지 못하고 끙끙 앓을 만큼 숙맥이기도 했답니다. 사춘기 시절 다소 내성적인 소년이었던 파울루는 그 덕분에 오히려 자신의 에너지를 공부에 쏟을 수 있었던 것 같아요. 비록 달콤한 연애는 남들만큼 못했지만 학교와 학교 밖에서 만난 여러 선생님들과의 수업, 특히 언어와 문학 수업을 통해, 그들과의 대화를 통해, 그리고 그들을 통해 알게 된 학자들이 쓴 문학책과 문법책들을 읽으면서 관심을 꾸준히 키워 나갈 수 있었으니까요. 알루이지우와 제노비 선생님은 늘 파울루를 격려하고, 또 그의 재능이 묻히지 않도록 종종 자극을 주시기도 했어요. 그런 선생님들에게 파울루는 자신도 역시 도움을 드리고 싶었어요.

"알루이지우 박사님, 제가 벌써 여기 온 지도 3년이 넘었어요. 그런데 선생님들께 도움만 받고 공부만 하면서 지낸 것 같아요. 저도 뭔가 학교를 위해 할 일이 없을까요?"

수줍으면서도 진지했던 파울루의 말에 알루이지우 선생님은 잠시 생각하더니 반가운 얼굴로 대답했어요.

"오, 그래! 마침 제노비 선생님이 보조 교사를 필요로 하던 참이

헤시피에서 시작된 조금은 다른 세상 읽기

었단다. 어떠니?"

파울루는 '내가 잘할 수 있을까?' 하는 마음이 들면서도 도움이 될 수 있다는 생각에 제안을 받아들였어요. 파울루의 염려와는 달리 그는 잘해 냈고, 졸업 후에는 정식 교사가 됐어요. 하지만 알루이지우와 제노비 선생님은 파울루가 훨씬 더 큰 학문적 재능이 있다는 걸 놓치지 않았어요.

"파울루, 이제 곧 대학 진학도 준비해야 하지 않겠니? 네가 가진 재능이라면 공부를 더 체계적으로 해서 더 큰 영향력을 미칠 수 있을 게다."

파울루는 항상 그에게 많은 것을 베풀어 주었던 두 분에게 평생 감사한 마음을 품고 살았어요. 그가 가장 소중하게 손꼽는 자신이 '태어난 집'과 '자보아떠웅시'만큼이나 소중하게 생각하는 알루이지우, 제노비 선생님. 그들과의 만남이 약 40년 후 더욱 특별한 인연으로 발전될 거라는 것은 아무도 예상하지 못했어요.

브라질은
변화가 필요해

어린 시절에 겪은 어려움을 통해 세상에 대한
호기심과 희망이 뒤섞인, 열린 마음과 자세를 가지게 됐단다.
나는 결코 현실을 있는 그대로 받아들이지는 않았어.

파울루 프레이리, 《크리스치나에게 보내는 편지》에서

파울루가 살았던 시대는 절망과 희망이 뒤섞인 격변의 시대였어요. 수많은 생명을 앗아간 전쟁으로 황폐해진 땅에는 인권의 신장과 기술의 진보를 위한 인류의 노력과 결실이 있었지요. 그런 시대의 흐름 속에서 자란 파울루가 느끼는 세상은 어땠을까요? 점점 더 큰 세상을 경험하면서 파울루의 질문도 한층 다양해지고 성숙해졌어요. 그리고 그중 많은 질문에 대한 답은, 훗날 돌이켜보건대, 어릴 적 늘 아버지와 삼촌이 열렬히 외치던 '브라질은 변화가 필요하다'는 것이었죠.

헤시피에서 시작된 조금은 다른 세상 읽기

급변하는 20세기

1921년에 태어나 1997년에 생을 마감한 파울루의 생애는 20세기 거의 전체에 걸쳐 있다고 말할 수 있어요. 여기서 중요한 것은, 이 시기에 급속한 경제 성장과 기술 발전을 바탕으로 근대화가 이뤄졌지만, 그같은 경제 성장이 분배의 정의로 이어지지는 않았다는 거예요. 극심한 빈곤과 빈부 차는 전보다 심해졌어요. 국민의 활발한 경제 참여를 제한했기에 근본적이고 장기적인 발전은 기대하기 어려웠지요. 중산층이니 프롤레타리아니 하는 새로운 계급들이 출연했지만, 지배 계급의 힘은 더욱 커져 갔고 그 지배 계급이란 다름 아닌 커피, 고무, 카카오, 설탕 같은 수출 작물을 대규모로 재배해서 세력을 키운 대농장주들이었어요.

한마디로, 세력 구도에 있어 근본적으로 바뀐 것이 없었다는 얘기죠. 노예 제도는 이미 1888년에 폐지됐지만, 부의 소유는 지배층에 쏠려 있었고, 경제 및 사회적으로 차별받고 있는 사람들은 과거 노예들인 흑인과 혼혈 인구였어요.

그런 와중에 파울루가 태어나고 그 변화의 물결에 합류하게 된 것이랍니다.

브라질, 이대로는 안 돼

파울루의 호기심이 소위 '정치적' 관점으로 향하게 된 것은 아버지와 삼촌 주어웅 몽떼이루의 대화를 들으면서부터였어요. 그가 말을 배우고 글을 깨우친 헤시피와 자보아떠웅의 바로 그 나무 아래서 소년 파울루는 브라질의 정치 현실에 대해서도 알게 된 거지요. 그전까지는 막연하게 가난한 중산층 소년으로 살면서 보고 느꼈던 것들, 이를테면 빈부, 계층, 학력에 따라 사람들의 시선과 대우가 달라지는 것과 같은 현상들을 보다 큰 맥락에서 이해하기 시작했어요. 정부가 민중의 자유를 억압하고, 부나 권력을 가진 '강자'는 '약자'를 무시하고 계속 그 상태에 머무르게 하려는 현실, 그들을 침묵시키기 위해 필요하면 잔인한 방법을 쓰기도 하는 것이 브라질의 현실이었어요.

1928년의 어느 날, 주어웅 삼촌과 아버지는 여느 때처럼 대화를 나누고 있었어요. 좌파 언론인으로 정부의 권력 남용과 인권 유린을 비판해 자주 감옥에 드나들었던 삼촌 옆에는 늘 정부가 붙인 감시인이 따라다녔지요. 하지만 삼촌은 감시인 따위는 아랑곳하지 않고, 민중을 생각하지 않는 위정자들을 비판하고 민중이 스스로의 목소리를 포기하도록 강요당하는 현실을 개탄했어요. 그의 목소리에는 분노, 염려와 고뇌 그리고 회의감이 묻어났어요.

그때 그가 인용한 유명한 문구를 파울루는 오랫동안 기억했어요.

"그들은 말하지 않는다. 말한다 해도 들리지 않는다. 억압받기 때문이다."

17세기 브라질에서 외교관이자 선교사로 활동했던 앙또니우 비에이라 신부가 했던 말로, 그는 브라질의 현실을 날카롭게 비판하고 변화를 촉구했던 사람이에요. 브라질의 정치인들에게 '목소리를 잃은 것'이야말로 당시 브라질의 가장 심각한 문제라고 지적했지요.

이후 파울루가 중학생이 되고, 고등학생이 되어서도 삼촌과 비에이라 신부가, 또 당시 깨어 있던 지식인들이 비판했던 브라질의 부조리한 현실은 계속됐어요. 파울루는 그 현실을 살아가며 나름대로의 질문을 던졌을 거예요. 하지만 그러한 현실에 직접 노출된 것은 아니었기에 그가 던지는 질문들은 아직 방향이 잡히지 않은 호기심에 가까웠어요. 소수의 지배층이 휘두르는 다수의 약자에 대한 폭력이 브라질이 앓고 있는 문제라는 것을 들어서 알게 되고, 또 그 문제의 파편들을 주변에서 조금씩 볼 수 있었겠지요. 하지만 아직 어렸던 파울루는 그가 본 것들을 '해석'할 수 있는 경험과 지식이 부족했어요.

삼촌과 아버지의 대화를 듣고 그의 뇌리에 강하게 남은 '브라질엔 변화가 필요하다'는 메시지는 당분간 그의 내면에 잠재적인 상

태로 남아 있게 돼요. 그 메시지가 파울루 자신의 새로운 경험과
지식과 만나 비로소 파울루의 문제가 되고 동력을 얻게 될 때까
지요.

Paulo Freire

2

교육자의 길에
들어서다

교육자가 될 것인가, 법률가가 될 것인가

고백컨대 법을 공부한 것은 제가 살던 헤시피에는 별다른 대안이 없어서였어요. 전공 분야라고는 공대, 의대, 치대, 법대, 예술이 고작이었지요. 실은 저는 청년기에 들어서면서 인생에서 한 번도 해 본 적 없는 두 가지에 강한 끌림을 느꼈답니다. 하나는 정신분석학이고, 다른 하나는 언어학이었어요. (……) 하지만 둘 중 어떤 길을 갔든 결국에는 저를 교육자의 길로 이끌었을 겁니다.

파울루 프레이리, 잡지 〈이론과 토론〉과의 인터뷰에서

언어에 대한 파울루의 호기심과 탐구 정신은 갈수록 커져 갔어요. 파울루는 특히 언어와 문학에 관한 책을 많이 읽었고, 고등학교를 졸업하자마자 모교에서 포르투갈어 교사로 일할 만큼 언어와 교육 분야에 경력을 쌓아 가는 듯했죠. 그런데 이듬해 파울루는 대학에서 법학을 전공하더니 졸업할 즈음에는 변호사 사무소를 개업했어요. 이제 언어나 교육에 대한 관심은 개인적인 것에 머무는 것처럼 보였죠. 하지만 파울루가 진정한 의미의 교육자로서의 여정을 시작하게 하는 두 가지 사건이 일어나게 됩니다.

내 생애 첫 직업, 교사

파울루는 알루이지우 박사의 도움으로 얻게 된 학업의 기회를 소중히 여기고 정말 열심히 공부했어요. 오스바우두 끄루스 학교에서 공부를 마친 후, 그 학교의 정식 포르투갈어 교사가 될 당시 파울루의 나이는 스물한 살이었어요. 교사로 일하게 되면서 파울루는 드디어 적으나마 돈을 벌어 집안 살림에 도움을 줄 수 있게 됐어요. 하지만 그것에 만족하지 않고 틈틈이 개인 과외를 했어요.

'그동안 어머니와 누나, 형들이 날 위해 너무 많이 고생했어. 과외를 해서 내 재능도 사용하고 경제적으로도 더 보탬이 되고 싶어.'

파울루는 가르치는 시간 이외에는 항상 책을 읽었어요. 특히 브라질과 포르투갈의 학자들이 쓴 문법서를 많이 읽었는데요. 문법 자체가 아닌, 언어의 본질적인 아름다움을 추구했어요.

세계적으로 존재하는 언어의 수는 약 6,500개 정도 된다고 하는데요. 언어에는 어떤 아름다움이 있을까요? 아마도 각 언어의 독특한 발음, 억양 등이 만들어 내는 리듬, 각 민족의 역사와 문화적 배경이 담긴 어휘와 그것을 글자로 쓰는 방식, 또 그걸 조합해 문장과 글로 구성하는 방법 같은 요소들이 아닐까요?

파울루는 언어의 가장 기본적인 기능인 '소통'에 매력을 느꼈어요. 소통의 방식은 분야마다 다르게 표현되기 마련이죠. 예를 들

교육자의 길에 들어서다

어 음악가, 언어학자, 법률가, 의사, 철학자 등 다양한 직업에 종사하는 이들이 쓰는 말과 글의 방식은 각기 다르지만 모두 나름의 방식으로 타인과 소통하잖아요. 파울루는 다른 분야, 다른 상황에서, 또 다른 사람들에 의해 포르투갈어라는 한 언어가 표현되고, 또 타인에게 그 의미가 전달되는 창의적인 방식을 아름답다고 느꼈어요. 그중에서도 파울루는 여러 인문학과 사회학 분야의 글에 더 빠지게 된 거고요. 특히 브라질 최고의 소설가로 꼽히는 마샤두 지 아시스, 브라질 문학의 한 흐름인 향토주의 소설의 대가 중 하나로 꼽히는 조제 링스 두 헤구, 그리고 20세기 브라질의 시인 까를루스 드루몽 지 안드라지와 같은 작가들이 쓴 문학서를 비롯해 사회학자 지우베르뚜 프레이리의 사회학, 인류학 저서들을 주로 읽었어요. 매일 서점에 들러 브라질 지식인들이 쓴 책을 읽는 것은 가장 큰 기쁨 중 하나였지요. 절판된 책을 찾아 중고 서점을 뒤지기도 했어요.

"책장에 꽂힌 책들을 마주했을 때의 행복함, 어떤 내용일까를 상상할 때의 설렘, 새 책과 낡은 책이 풍기는 고유의 향기. 이런 것들이 당시 나를 살아 있게 만드는 힘이었어."

그런 파울루에게 옷이나 신발 등 외모를 꾸미는 데 쓰는 돈은 사치였겠지요.

여느 때와 다를 것 없는 무더운 여름날이었어요. 같은 학교에 다니는 한 여학생이 파울루에게 말을 건넸어요.

"얘, 그렇게 입고 있으면 덥지 않니?"

"덥지. 하지만 가진 옷이 이것뿐인걸."

파울루는 여름철 30도가 넘는 더위에도 단 한 벌의 긴 소매 옷을 입고 다녔거든요. 가진 옷이 더 없기도 했지만 책이 주는 기쁨에 푹 빠져 있었기에 사실 옷차림에는 신경 쓸 틈이 없었던 거예요.

멋이라고는 부릴 줄 모르는 단벌 신사지만 파울루는 행복했어요. 몰입할 수 있는 열정의 대상이 있고, 존중받고 있음을 느끼게 해 주는 학생들이 있었기 때문이죠. 이 순박한 청년을 어린 학생들은 어떻게 기억할까요? 수려한 외모로 인기를 끌지는 않았겠지만 아마 그가 학생들을 대하는 수평적인 태도 덕에 학생들은 그에게 쉽게 다가갈 수 있었을 거예요. 또 그가 가르쳤던 포르투갈어는 그 자신이 그토록 매력을 느끼고 좋아하던 분야였으니 배우는 학생들에게도 고스란히 전달되지 않았을까요? 좋아하는 일을 할 때와 좋아하지 않는 일을 기계적으로 할 때 그 결과물의 질은 다를 테니까요.

법대에 진학한 문학청년

이쯤 되면 파울루가 대학에서 선택한 전공이 당연히 문학이나

어학이었을 거라고 생각할 거예요. 그런데 세계적인 교육의 권위자로 알려진 파울루가 대학에서 전공한 분야는 '법'이었어요. 오스바우두 끄루스 학교를 졸업하고 정식으로 교사가 된 다음 해인 1943년에 스물두 살의 나이로 헤시피 법과 대학에 입학했지요. 당시 브라질은 고등 교육 시스템 정비의 초창기에 있었고, 법학은 파울루가 원하던 인문과학 분야에 속한 몇 안 되는 학과였기 때문이에요. 사실 그는 철학이나 교육을 전공하고 싶었는데 당시 뻬르낭부꾸주에서 그 분야의 단과대가 있는 대학이 없었거든요. 상빠울루나 다른 대도시로 가서 원하는 전공을 선택할 수도 있었겠지만, 그는 결국 헤시피에 남는 걸 택했어요. 왜냐고요?

"제게 헤시피를 떠나 먼 타지로 간다는 건 결혼을 포기한다는 뜻이었어요. 하지만 청년 때부터 가지고 있는 신념이 있었어요. 하나는 '결혼이 절대 학문에 정진하는 것을 방해하지 않는다'는 것. 그리고 두 번째는 '만약 학업에 결혼이 방해가 된다면 나는 결혼을 택하겠다'는 것이었어요."

모든 것이 익숙한 고향을 떠나서 공부한다는 것은 시간, 노력, 금전적인 면에서 훨씬 더 많은 투자와 헌신을 요구할 테니까요. 헤시피에서 약 2,700킬로미터나 떨어진 상빠울루에 가서 공부하고 새 삶을 꾸린다는 것이 말처럼 쉬운 일은 아니었을 거예요. 지금이야 비행기로 3시간 남짓 날아서 편안히 여행할 수 있다지만,

1940년대에는 트럭과 배를 번갈아 타며 힘겹게 가야 했으니까요. 파울루에게는 학업이 결혼 등 인생의 다른 대소사를 포기하면서 그것이 유일하게 가치 있는 것인 양 매달려야 하는 것은 아니었던 듯해요. 학문이 중요하지 않다는 말이 아니에요. 다른 일, 이를테면 결혼과 병행하면서도 나름의 방식으로 성실하게 학문적 가치를 추구할 수 있다고 믿은 거죠. 불가피하게 하나를 택해야 한다면 파울루에게는 그것이 결혼이었던 거고요.

에우자, 내 인생의 동반자

그의 선택이 헛되지 않았던 걸까요? 이듬해, 헤시피 법대에서 공부하면서 모교에서 포르투갈어 교사로 일하던 그의 삶에 한 여인이 등장했어요. 그녀의 이름은 에우자 마이아 꼬스따 지 올리베이라. 둘이 정확히 언제, 어떤 계기로 만났는지는 잘 알려져 있지 않아요. 아마도 에우자 역시 헤시피의 한 초등학교에서 포르투갈어를 가르치고 있었기에 두 사람은 자연스레 만나게 된 듯해요.

"어느 날 한 길모퉁이에서 에우자를 찾아냈어요. (……) 하지만 내가 그녀를 찾아냈다는 것은 한편으론 나 역시 그녀에 의해 발견됐다는 뜻이지요. 우리는 자연스럽게 삶의 한 모퉁이에서 서로를 발견한 거예요. 그리고 그 만남은 무척 성공적이었어요."

아마 에우자도 같은 생각이었던 것 같아요.

"파울루, 이제 나는 에우자 마이아 꼬스따 프레이리로 살고 싶어요."

두 사람은 결혼해 '프레이리'라는 하나의 성으로 묶이게 됐어요. 둘은 언제나 함께했어요. 에우자는 파울루의 공적인 만남에도 자주 동행했어요. 그를 전폭적으로 지지했지만 필요에 따라서는 애정 어린 비판도 아끼지 않았죠. 물론 둘만 있는 자리에서요. 에우자는 상대의 자존심을 꺾기만 하는 의미 없는 충고나 한탄은 하지 않았어요. 덕분에 파울루는 에우자와의 대화에서 영감을 얻기도 하고, 반성하기도 하고, 또 위로받을 수 있었답니다.

파울루가 1964년 쿠데타로 군사 독재 정권이 들어선 이후 수감되었을 때예요.

"에우자가 면회를 올 때면 종종 같은 방에 있는 사람들 모두가 먹을 수 있을 만큼 넉넉하게 음식을 준비해 왔어요. 그리고 단 한 번도 나한테 이렇게 말한 적이 없어요. '당신이 조금만 더 신중했었다면, 당신이 좀 더 조심했었다면 여기에 있지 않았을 텐데요.' 단 한 번도요."

훗날 두 사람 사이에서는 세 딸과 두 아들, 마달레나, 끄리스치나, 파치마, 조아낑, 루치가르지스가 태어납니다.

교육자 에우자, 남편의 꿈을 일깨우다

"제 삶은 에우자를 만나기 전과 후로 나눌 수 있습니다."

파울루는 에우자가 자신의 삶에서 얼마나 중요한지에 대해 인터뷰나 책에서 늘 말하곤 했어요. 파울루에 관한 자료들에 그녀가 빈번히 등장하기는 하지만 대개는 그저 그의 아내이자 학자로서의 여정에 있어 동반자 정도로만 알려져 있지요.

그녀는 어떤 여성이었을까요? 사실 그녀는 파울루를 만나기 전에도, 만난 후에도 교육자라는 자신의 직업에 확고한 신념을 가진 여성이었어요. 헤시피에서 태어나 헤시피와 올링다Olinda에서 학교를 졸업하고 초등학교 포르투갈어 교사로 일하던 그녀는 파울루와 결혼하기 1년 전인 1943년 교사 임용 시험에 합격해 뻬르낭부꾸주의 발령을 받게 되었답니다. 결혼 후에도 그녀는 교직 생활을 계속했고, 이후에는 여러 학교의 교장을 지내기도 했어요.

에우자는 어렸을 때부터 교사가 되고 싶었다고 해요. 그녀는 남자와 마찬가지로 세상에서 일어나는 일들, 자기와 관련된 일들에 대한 독립적인 사고와 의견을 가진 사람으로 살고 싶었어요. 당시 보수적인 브라질 사회에서 교사는 여성이 자신의 지식과 경험을 인정받을 수 있었던 얼마 안 되는 직업 중 하나였어요. 하지만 그녀가 그런 생각을 한 데는 더 근본적인 계기가 있었답니다.

'브라질 사회는 너무 불평등해. 이건 분명히 잘못된 거야. 바꿔야 해. 원인도 출구도 모른 채 고통받는 사람들에게 이 현실은 문제가 있다는 걸, 바꿀 수 있다는 걸 가르쳐 주고 싶어.'

사람들을 소중하고 가치 있게 여기는 그녀의 마음은 사람들을 위해 무엇을 할 수 있을지, 어떻게 그것을 할 수 있을지에 대해 밤낮으로 고민하게 만들었어요.

'무엇보다 글을 읽고 쓸 줄 알아야 해. 어떻게 하면 재미있고 효율적으로 글을 배울 수 있을까?'

그 고민의 결과, 그녀는 아동 문해 교육에 미술 교육을 접목하는 방법을 개발해 냈고, 그 분야의 선구자가 되었어요.

반면 에우자를 만날 당시 파울루는 교사이긴 했지만 경력이나 사명감, 목표 의식 면에서 아직 '교육자'라고 하기엔 무리가 있는 단계였어요. 그는 자신이 포르투갈어를 비롯한 모든 언어를 좋아하고 무한한 매력을 느낀다는 걸 잘 알았어요. 그래서 자연스럽게 포르투갈어를 가르치는 일도 하게 된 거고요. 하지만 그걸 '교육'이라고 생각한 적은 없었어요. 파울루와 미국의 교육자 마일스 호튼의 대담을 엮은 책 《O caminho se faz caminhando(걸으면 길이 된다)》에서 파울루는 이렇게 고백한 바 있어요.

"에우자 덕분에 나는 내가 하고 있는 포르투갈어를 가르치는 일이 단순히 가르치는 것 이상이라는 걸 깨닫게 됐습니다. 그것은 정확히 '교육하는' 것이었어요. (……) 에우자가 제게 그걸 가르쳐 줬어요. 불현듯 나는 기억 속에 흩어져 있던 나의 오랜 꿈들을 한데 모으고 그것들 간의 연결 고리들을 깨닫기 시작했습니다. '아나는 질문하고, 지식을 알고, 가르치는 데 흥미가 있구나!' 그때 나는 내가 교육자라는, 앞으로 교육자가 되어야겠다는 확신을 가지게 됐어요."

하지만 이후 그런 깨달음은 다시 현실에 묻혀 잊혔다가 다시 자극을 받아 살아나기를 반복했던 듯해요. 여전히 교사 일을 병행하긴 했지만 법대생으로서 자연스런 절차를 밟아 나갔거든요. 다른 동기들처럼 졸업을 앞두고 변호사 사무실을 열었고, 이제 그의 삶은 법조인의 길에 들어서는 듯 보였어요.

처음이자 마지막이 된 소송 사건

변호사 사무실을 연 지 얼마 안 된 어느 날이었어요. 여느 날처럼 일과를 마치고 집에 돌아온 파울루는 에우자에게 말했어요.

"여보, 오늘 오후에 아주 가슴 벅찬 일이 있었소. 난 이제 더 이상 변호사가 아니라오."

이렇게 말하는 파울루의 목소리는 절망적이지도 않았고, 아내 에우자의 눈치를 살피는 기색도 없었어요. 그는 오늘 그를 찾아왔

법대를 졸업하는 파울루의 모습

던 젊은 치과 의사에 대한 이야기를 풀어놨어요. 그는 치과 병원을 개원하면서 빌린 돈을 갚지 못해 채권자에게서 독촉을 받는 상황이었어요. 파울루는 그 채권자의 변호를 맡은 상태였고 채무자였던 그 치과 의사는 파울루의 부름을 받고 사무실에 찾아온 거였어요. 파울루는 이 치과 의사를 독촉하고 채권자의 요구 사항을 처리해야 하는 입장에 있었죠.

젊은 의사는 체념하듯 말했어요.

"죄송하지만 저는 빚을 갚을 돈이 없어요. 열심히 일했지만, 지나치게 낙관적이었던 게 실수예요. 다 제 잘못입니다."

병원을 차리려면 많은 돈이 필요했는데 사실 그에게는 그럴 만한 자본이 없었던 거지요. 그래서 우선 대출을 받아 개원하면 곧 병원이 잘돼서 빚을 갚을 수 있을 거로 생각한 거예요. 그런데 병원에서 나온 수입만으로는 기한 내에 돈을 갚을 수가 없었어요. 빚을 내어 마련한 병원의 장비와 집기들은 물론이고, 그가 원래 가진 모든 재산, 집의 가구마저 압류당할 위기에 몰리게 된 거죠. 그는 다시 말을 이었어요.

"가진 전부를 내어 드려야겠지만 법에 따르면 병원 장비들과 집기 없이는 병원을 유지할 수 없습니다. 하지만 병원이든 집이든 주방이며 거실에 있는 가구들은 다 처리하셔도 좋습니다. 이제 18개월 된 제 딸아이만 빼놓고는 다 가져가십시오."

교육자의 길에 들어서다

이 일은 파울루가 막 변호사로 출발하려는 시점에 맡게 된 일이었어요. 보통의 경우라면 최대한 의뢰인에게 유리하게 사건을 마무리해서 일을 잘 처리한다는 평가를 받고 싶어 했겠지요. 그래야 입소문도 나고 돈도 많이 벌 테니까요. 그런데 의사의 말을 경청하던 파울루는 잠시 생각에 잠겼어요. 그리고 이내 결심한 듯 차분히 말했지요.

"선생님의 빚 문제에 관해서라면 비록 당분간이지만 좀 더 시간을 버실 수 있을 것 같군요. 물론 선생님의 집에 있는 물건들도 얼마간은 건드리지 못할 겁니다. 다음 주쯤에나 제가 의뢰인을 만나 이 소송 건을 더 이상 맡지 않겠다고 말할 예정이거든요. 그리고 그가 또 다른 변호사를 선임하려면 한 주는 더 걸릴 거예요. 이걸로 선생님은 잠시나마 한숨 돌리실 수 있을 겁니다."

"아, 대체 뭐라 말씀을 드려야 할지……. 고맙습니다, 변호사님! 정말 고맙습니다!"

"그리고 한 가지 더 말씀드리고 싶습니다. 저 역시 선생님을 마지막으로 아직 채 시작하지도 않은 변호사로서의 여정에 종지부를 찍으려고 합니다."

아니, 단지 그 소송만 맡지 않는 게 아니라 변호사 일을 완전히 그만두다니요! 어떻게 단 한 번의 소송 건으로, 그것도 일이 제대로 시작되기도 전에 몇 년을 투자한 전공을 포기할 수 있냐고요?

글쎄요. 파울루가 그날 에우자에게 말한 이유는 명료했어요.

"변호사라는 직업에 특별한 매력이 없다거나 인생에 꼭 필요한 일이 아니라서가 아니라오. 오히려 그 반대지. 이 일은 그 어떤 분야보다도 윤리와 능력, 엄숙함, 인간에 대한 존중이 바탕이 되어야만 하는 것이니 말이오. 하지만 내가 원하는 일은 아니라는 걸 알았소."

과연 그 젊은 치과 의사와의 만남이 파울루의 내면에 어떤 변화를 일으켰던 걸까요? 그는 어린 시절부터 지금까지 봐 온 가난한 사람들의 현실을 진지하게 생각하게 되었어요. 헤시피와 자보아떠웅에서 굶주리던 시절의 기억들, 친구들과 과일 서리를 하던 것, 똑같이 가난하면서도 노동자 집안이라는 이유로 차별받았던 친구들, 그런 일이 반복되는 것을 보며 자신이 느끼고 생각했던 것들이 생생하게 떠올랐어요. 그리고 어린 시절 아버지와 삼촌이 통탄했던 브라질의 부조리한 현실, 특히 못 가진 자가 처한 출구 없는 현실을 떠올렸을 거예요. 아마 변호사로 살게 되면 그 치과 의사보다 훨씬 가난한 사람들을 상대로 가진 자를 대변해야 할 일이 계속 생겼겠죠. 비로소 그는 자신이 어린 시절부터 가졌던 문제의식과 언어 세계에 관한 호기심과 열정, 그저 자연스럽게 하고 있었던 가르치는 일을 어떻게 연결시켜야 할지 밑그림을 그릴 수 있게 됐어요.

결혼한 지 3년이 지난 어느 날, 비로소 들뜬 얼굴을 한 남편의 입에서 그러한 결심을 들은 에우자는 말했어요.

"내가 기대했던 바예요. 당신은 교육자예요."

SESI에서 보낸
값진 10년

나는 SESI의 모순을 명확히 이해하지는 못했어도

전혀 모르지는 않았어.

물론 내 힘으로는 SESI를 개조할 수는 없었단다.

(……) 하지만 그렇다 해도 내 꿈에 충실하기 위해

내가 할 수 있는 일을 하지 못할 이유는 없었어.

파울루 프레이리, 《크리스치나에게 보내는 편지》에서

파울루는 어느 날 SESI라는 기관의 초청을 받게 돼요. SESI는 한국어로는 '산업사회국'으로, 브라질 전국산업연맹이 1946년에 만든 기관인데요. 브라질의 경제·사회적 어려움을 해결하고, 특히 가난한 노동자들에게 교육, 보건 등의 원조를 제공한다는 명분을 가지고 있어요. 파울루에게 그런 SESI의 헤시피 지부 교육문화 부서를 맡아 달라는 것이었어요. 파울루는 그 일이 쉽지 않을 거라 생각했지만 에우자의 격려에 힘입어 새로운 도전을 받아들이는데요. SESI에서 일하면서 그는 브라질의 교육 현실을 바로 보게 되었고 교육의 의미에 대해서도 진지하게 성찰하게 되었어요.

인생의 전환점이 된 SESI

"파울루, 나와 함께 SESI에서 일해 보는 게 어떻겠나?"

1947년 어느 날, 친구가 집에 찾아와 갑작스러운 제안을 했어요. 그 친구는 오스바우두 끄루스 학교 시절에 이어 법대에서도 같이 공부했던 친구였어요. 그는 이미 SESI의 사회사업부에 합류해 달라는 제안을 받고 수락한 상태였고, 곧 그의 전공과 적성을 살려 법무국으로 옮기게 될 터였어요. SESIServiço Social da Indústria는 영어로는 Industrial Social Service(산업사회국)로 번역될 수 있는데요. 이 기관은 사회·경제적으로 어려운 이들의 주택, 영양과 위생 상태 개선을 지원해 줌으로써 계급 간의 협력을 촉진한다는 목표를 가지고 있었어요. 파울루는 그 SESI의 뻬르낭부꾸 지부에서 교육문화부장을 담당해 달라는 초청을 받은 거예요.

야심 차게 변호사직을 내려놓은 지 얼마 안 됐을 때였어요. 이 초청을 받고 파울루와 에우자는 새로운 일에 대한 두려움과 호기심이 함께 생겼어요. 하지만 그 모험에 한번 도전해 보겠다는 의지가 두려움을 이겼어요.

'그래, 브라질의 현실을 바꿀 수 있는 것은 교육이야. 하지만 아직 난 브라질의 교육 현실을 통찰할 수 있는 능력이 없어. 정부가 어떻게 교육 정책을 세우고 펼치는지를 안다면 내 생각을 실천할

수 있는 기회도 오게 될 거야.'

제안을 받고 나서 몇 달 후, 파울루는 SESI의 교육문화부의 책임자로 임명됐어요. 그의 인생에 있어 새로운 국면으로 접어드는 시점이었죠. 이제 파울루는 교육 내용뿐 아니라 교육 대상과 방법을 체계적으로, 정책적으로 고민해야 하는 과제를 공인으로서 짊어지게 된 거예요. 이제 자신의 인생이 다른 방향으로 전개될 것임을 직감했지만, 그 새로운 한 걸음을 어디서 누구와 어떻게 내디딜지는 몰랐지요. 그 순간 SESI가 손을 내밀었고 그는 그 손을 잡은 거예요. 모험처럼 받아들인 SESI에서 그가 전 세계를 누비며 일평생을 바치게 될 사명을 발견하게 될 거라고는 당시에는 짐작도 못했어요.

가정과 학교, 민주주의를 배우는 첫 번째 장소

SESI 헤시피 지부에서 일하면서 1950년대 들어 파울루가 특히 집중한 것은 가정과 학교의 관계였는데요. 그는 뻬르낭부꾸의 도심, 농촌, 어촌, 삼림 지역 등 교육 여건이 열악한 마을들을 찾아다니며 학생과 그 가정을 대상으로 연구를 했어요. 자녀와 부모의 관계, 그중에서도 체벌과 보상이 파울루의 주된 관심사였죠. 파울루의 질문에 대한 부모들의 대답은 각 지역의 환경에 따라 달랐어요.

"아이들이 학교를 빼먹거나 낙제 점수를 받으면 어떻게 하시나요?"

어떤 부모들은 대수롭지 않게 대답했어요.

"그러려니 하고 놔두죠. 그러다 자기가 가고 싶으면 가겠지요."

반면 이렇게 대답하는 사람도 있었지요.

"호되게 혼내죠. 방에 몇 시간 가두거나 회초리로 때리거나 합니다. 그래야 다시는 그렇게 제멋대로 굴지 않을 테니까요."

후자의 경우에는 더 심하게 체벌하기도 한다는 사실에 파울루는 깜짝 놀랐어요. 그리고 학교에서 아이들과 선생님의 관계도 그와 크게 다르지 않음을 알게 됐지요.

'이런 부모와 자녀 관계가, 또 그런 영향을 받은 교사와 학생의 관계가 장차 사회에서 어떤 정치적 결과를 낳게 될까? 한쪽엔 한계를 모르는 자유, 또 한쪽엔 지나친 권위주의······. 학교와 가정에서 이런 극단적인 교육을 받고 자란 우리 아이들은 사회에 나가 또다시 그런 사회를 만들 텐데, 과연 이런 상황에서 교육의 올바른 역할은 무엇일까?'

교육문화부 책임자로서 그는 학생들은 물론이고 부모와 교사, 그리고 그들이 속한 지역 공동체를 대상으로 한 교육 프로그램을 만들기로 결심했어요. 사무실로 돌아온 그는 동료들에게 말했지요.

"부모와 교사들이 아이들을 민주적인 방식으로 교육할 수 있으려면 그들 자신부터 민주적인 체험을 해야 합니다."

교과 과정을 계획할 때도 권위주의적인 정부의 지침을 하달받는 교사들과, 노동자로서 살면서 늘 '위'에 있는 이들의 통제를 받는 삶에 익숙한 부모들이 민주주의를 모르는데, 어떻게 아이들을 민주적으로 교육할 수 있겠어요? 그래서 그와 동료들은 주기적으로 학부모와 교사들이, 또는 교사들과 학생들이 참여하는 세미나를 만들기로 했어요. 다양한 의견들이 쏟아져 나왔지요.

"회의의 주제도 그들이 직접 정할 수 있어야 해요. 자신들에게 가장 절실한 문제들이어야 활발하게 참여할 수 있을 거예요."

"맞습니다. 그리고 학생들도 어른들과 동등하게 자신의 느낌과 생각을 말하고, 그것이 반영될 수 있다는 걸 경험해야만 해요."

"학부모들과 교사들은 서로 집과 학교에서 아이들이 무엇을 배우는지, 어떻게 행동하는지를 알 필요가 있어요. 그렇지 않으면 선생님과 부모님의 가르침이 서로 달라 아이들이 혼란스러울 수 있습니다."

그렇게 시작된 세미나는 거듭될수록 교사와 학부모들의 참여가 활발해졌어요. '아이의 교육'이라는 공통 주제를 놓고 허심탄회하게 이야기할 기회를 가지면서 학부모와 교사는 서로를 더 신뢰할 수 있게 됐어요. 달라진 선생님과 부모님들을 보고 아이들의 행동도 달라졌고요.

이렇듯 파울루는 '규율 없는 자유'와 '자율 없는 권위'가 심각한 문제라고 생각했어요. 이 둘의 다른 이름은 각각 '방종'과 '폭력'이니까요. 그런 환경에서 자라나는 아이들이 과연 건강한 민주주의를 제대로 배울 수 있고, 장차 그런 사회를 건설할 수 있을까요? 더군다나 파울루가 주로 관심을 가졌던 가난한 가정의 아이들이라면, 어렵게 교육을 받아 사회 건설의 주역이 되더라도 또 다른 권력의 횡포자가 되거나, 교육 기회를 얻지 못할 경우 그러한 권력의 억압을 받는 삶을 살 게 아니겠어요?

문해 교육의 필요성을 절감하다

파울루가 그의 생애에서 가장 많은 시간과 노력을 쏟은 성인 교육, 그중에서도 '노동자' 교육을 처음으로 하게 된 것은 바로 SESI에서 일할 때였어요. 파울루가 주로 관여한 대상은 성인이었고 그들을 변화시키는 것이 그가 주력한 일이었죠. 물론 파울루가 가난한 노동자들을 처음 만난 건 아니었어요. 가난한 어린 시절을 보냈기 때문에 중산층뿐만 아니라 가난한 집안의 친구들과도 친하게 지냈으니까요. 하지만 이제는 전문 교육 행정가로서 여러 지역의 노동자들이 처한 현실을 '문제'로 인식하고 체계적으로 파고들 준비가 된 성인이 되어 그들을 마주하게 된 거예요.

그들이 처한 가난은 그저 한 세대에 걸친 단순한 문제가 아니었어요. 공부를 열심히 하지 않아서, 혹은 열심히 일하지 않아서 가난한 게 아니었어요. 파울루가 만난 노동자들에게는 가난이든 부유함이든 스스로 선택할 수 있는 사회 환경이 마련되어 있지 않았어요. 그들 중 대부분은 자신의 노력 여부와 상관없이 브라질 사회의 구조적인 문제, 즉 가진 자는 더 가지게 되고 못 가진 자는 더 못 가지게 되는 구조 속에 갇혀 있었기 때문이죠.

'이런 구조 속에서 그저 열심히 일한다는 게 무슨 의미가 있을까? 자신이 인생의 주인이라는 말이 이들에게 무슨 의미가 있을까?'

브라질의 현실을 알면 알수록 파울루의 마음은 답답함과 안타까움으로 가득 찼어요.

'그래, 우선은 글을 읽고 쓸 줄 알아야 해. 그렇게 해서 그들이 사는 세상에서 일어나는 일들을 이해하고, 그것이 자기에게 어떤 영향을 미치는지 알게 해야 해. 그리고 자기가 그 과정에 참여할 수 있다는 것, 참여해야 한다는 것 또한 깨닫게 해야 해.'

파울루는 특히 '문해 교육'이 브라질을 위해 우선적으로 이뤄져야 할 과제임을 깨달았어요. 이쯤에서 문해 교육의 의미를 다시 한 번 살펴볼까요? '문해'는 글을 읽고 쓰는, 그리고 그것을 이해하는 능력이고, 그 능력을 기르도록 지도하는 것을 의미해요. 쉽게 말해 '문해'는 '문맹'의 반대 개념이에요. 그렇다면 어느 정도로 글을 읽고 쓰고 이해해야 문맹이 아닌 걸까요? 우선 자신이 읽은 것을 사전적으로 이해하는 것은 기본이겠죠. 그리고 그것을 올바로 쓸 줄 알아야겠고요. 얼마 전까지는 여러 나라에서 문맹 인구를 조사할 때 자신이 읽은 것을 사전적으로 이해할 수 있느냐 없느냐를 기준으로 삼았어요. 하지만 산업화가 진행되고 첨단 기술이 확산되면서 자신이 속한 사회의 맥락 안에서 글을 읽고 이해하며, 그것을 바탕으로 효율적인 문제 해결을 할 수 있는지 여부가 더 중요하게 되었어요. 그걸 바로 '기능적 문해'라고 하지요.

안타깝게도 당시 파울루가 본격적으로 문해의 필요성을 깨닫기 시작할 시기인 1950년 전후의 브라질 성인 문맹률은 50% 이상으로 기능적 문해는커녕 단순 문해조차 논하기 힘든 심각한 상황에 있었어요.

새로운 대안 학교 탄생

당시에는 소수 엘리트 기득권층이 교육을 불평등한 사회 질서를 유지하고 강화하기 위한 도구로 사용하기도 했어요. 그런 분위기 속에서 기존의 학교들에서 이뤄지고 있는 교육을 개혁하려면 많은 장애물을 넘어서야 했는데요. 교육의 입안자 외에도 기존 교육 체계에 익숙해진 교사들과 학생들, 부모들, 그리고 한 번도 제대로 된 교육을 받지 못하고 성인이 된 노동자들의 관점을 바꾸는 것은 긴 시간과 노력이 필요한 일이었어요.

파울루는 자신이 깨달은 브라질 교육의 문제를 고쳐 나가고자 SESI의 일원으로서 할 수 있는 모든 노력을 기울였어요. 그와 의견을 같이하는 교육자들 몇 명과 의기투합해 새로운 시도를 모색하게 되는데요. 그들은 곧 한 가지 결론에 도달했지요.

"교육에 대한 새로운 비전과 가치를 효과적으로 실천하기 위해서는 새로운 학교를 만들어야 합니다."

"그래요. 운영자와 교사, 그리고 학부모와 학생까지 우리의 새로운 도전에 동의하는 사람들이 마음을 모아 새로운 개념의 학교를 만든다면 그 전파력은 더 커질 거예요."

이렇게 해서 학교를 세우기 위한 프로젝트가 시작됐어요. 변화에 목마른 브라질의 많은 지식인이 이에 합류해 '무엇 때문에, 무엇을 위해, 그리고 어떻게 가르치고 배울 것인가'에 관한 열띤 토론을 벌였고 새로운 생각들이 쏟아져 나왔어요.

브라질의 미래에 대한 머리를 맞댄 고민과 열정으로 학교는 드디어 1955년 3월 '까삐바리비Capibaribe'라는 이름으로 문을 열게 돼요. '까삐바리비'는 브라질의 원주민 부족 중 하나인 뚜삐어로 '까삐바라Capivaras의 강'을 의미해요. 자신이 나고 자란 땅의 문화를 소중하게 생각했던 파울루가 헤시피의 까삐바리비강 이름에서 가져온 것이었어요. 새로운 교육 철학과 운영 방법을 가진 이 학교는 당시 헤시피의 최초의 대안 학교라고 볼 수 있어요. 학교에 관련된 '모두의 참여'는 설립자들이 가장 중요하게 생각하는 부분이었는데요. 말 그대로 학교장과 조합원들, 교사 및 직원들, 학부모와 학생 등 학교에 몸담고 있는 모두 말이에요.

설립자들이 세운 구체적인 원칙들이 몇 가지 있었는데요. 첫째는 학생들의 가정 형편, 부모님의 직업 및 교육 수준, 종교, 문화적 배경 등을 최대한 존중함으로써 각기 다른 배움의 속도를 존중하는 것. 이것은 현재까지도 까삐바리비 학교가 실천해 오고 있는 핵심적인 철칙이에요. 둘째, 학습 내용의 양보다는 질에 더 가치를 두었어요. 마지막으로, 배우고 가르치는 내용을 다루기에 앞서 그 맥락과 의미를 부여해 줌으로써 그 내용이 현실과 동떨어진 지식이 되지 않도록 했어요. 즉, 학생들의 지적 능력, 고유의 경험과 처한 현실에서부터 가르침과 배움을 시작한 거예요.

까삐바리비 학교는 그러한 노력을 인정받아 1965년 5월 주 공공시설이 됐어요. 오늘날 이 학교는 민주주의 의식 향상을 목표로 윤리와 도덕을 가르치는 브라질의 명문 교육 기관이 되었답니다.

삶에서 얻은
살아 있는 지식

사람들은 누가 전문적인 배경을 물으면 늘 학벌을 강조하는 경향이 있어.
학벌보다 더 실존적인 경험을 이야기하는 경우는 드물지. 다시 말해 우리는
다른 사람들의 영향을 많이 받지만 그런 건 말하지 않아. 말하자면 훌륭하고
진지한 선생님이나 자신의 자질을 발휘한 보통 사람들에게서 받은 영향은
좀처럼 언급하는 법이 없어. 사실 전문적인 발전은
실제 경험에서 생겨나며, 그것에 의해 영향을 받지.

파울루 프레이리, 《크리스치나에게 보내는 편지》에서

SESI 공공 기관에서 활동하면서 파울루는 오히려 '비공식적' 지식의 힘과
중요성을 더 깨닫게 돼요. '비공식적 지식'은 삶에서 얻은 지식을 의미해
요. 각 개인이 처한 환경마다, 걸어온 여정마다 그 경험은 서로 다를 거고
요. 우리가 공통적으로 학교에서, 또는 책에서 배우는 공식적 지식과는
다를 수도 있어요. SESI는 파울루가 교육과 정치에 관한 통찰력을 갖게
해 준 곳이었지만, 보수적인 지배 계층이 만든 기관이 갖는 한계와 모순
때문에 늘 파울루를 고뇌하게 했지요. 파울루는 SESI를 그만둔 후 마음이
맞는 사람들과 의기투합해 성인 문맹 퇴치 및 의식화 교육에 더 열정을
쏟았어요. 훨씬 더 자유롭고 대담하고 혁신적인 방식으로요.

SESI와의 이별

파울루는 가난한 사람들을 위한 정책, 프로그램을 구상하고 실행하면서 지식에 있어서나 실천에 있어 크게 성장했어요. 동시에 그 여정 동안 파울루는 SESI의 한계, 나아가 공공연한 모순을 깨닫게 됐어요. 그가 파악한 SESI의 본질은 지배 계급이 자기들의 기득권을 유지하고 확대하기 위해 창설한 '자선 기구'라는 것이었어요. 사회적 약자에게 관료적 절차에 따라 서비스를 제공하는 최소한의 기능을 추구하는 SESI에게 서비스 수혜자인 가난한 대중의 참여는 반갑지 않았어요. 파울루가 중요하게 생각하는 민주주의, 수평적 관계, 대중의 참여, 특히 노동자들의 참여와 같은 가치는 SESI의 지도부, 즉 브라질의 지배층이 경계하는 것이었어요. 파울루는 SESI에 들어갈 때부터 그러한 모순을 알고 있었지만, 그럼에도 불구하고 거기서 일하기로 결정한 것은 노동자 계층을 대상으로 한 정부의 정책, 특히 교육 정책이 어떤 것인지 이해할 수 있을 것이라는 생각 때문이었어요.

사실은 파울루가 SESI에 있으면서 한 일들의 궁극적인 목적은 SESI의 본질과는 정반대였던 거지요. 지배 계급에 그저 순응하던 민중이 '깨어나' 자신과 세계를 향한 비판적 의식을 가지고, 나아가 참여를 요구하는 것이 파울루가 바라던 것이었으니까요. 그가 한 일들이 적어도 표면적으로는, 대중에게 원조를 제공한다는 목표를 가진 SESI와 일치했거나 용인할 수 있는 수준이었겠지요. 그러다가 어느 시점에 이르면서 더는 서로를 용인할 수 없게 됐을 거예요. 결국 상부에서는 파울루의 '필요 이상으로' 민주주의적인 행보와 그들의 눈에는 지나치게 자유로운 기관 운영 방식에 제동을 걸었어요.

"파울루, 당신이 일하는 방식은 우리 기관의 성격과 맞지 않는 것 같소. 대중의 참여를 지나치게 독려하는 것은 우리의 역할이 아니오. 당신의 이상주의 때문에 책임질 수 없는 일을 벌이지 않도록 자제했으면 좋겠소."

파울루는 그간 SESI에서 브라질 정부가 대중을 대하는 이중적인 방식, 즉 당시 브라질의 정치에 관해서, 그리고 철저히 거기에 맞춰진 교육 현실에 대해 깊이 있고 방대하게 배울 수 있었어요. 그것을 바탕으로 현실을 변화시키기 위한 교육은 어떤 것이어야 할지를 고민하게 되지요. 10년 동안 얻은 그 귀한 깨달음과 지식을 간직한 파울루는 결국 SESI에서 더 이상 얻을 것이 없다고 판단하고 1957년 사임을 결정하게 됩니다. 그의 신념을 더욱 자유롭게 펼치기 위해서 말이죠.

이론과 실천, 둘 중 '하나만'은 불가능해

SESI에서의 시간은 이미 알고 있었던 지식과 이론을 실천할 수 있었던 귀한 시간이었어요. 그렇게 함으로써 기존의 지식과 이론이 옳음을 확인하기도 했지만, 반대로 그 한계와 모순을 발견하기도 했어요. 파울루는 그 한계와 모순을 이해하고 극복하고자 더욱 열심히 공부했지요. 1959년에는 SESI에서 일하는 동안의 경험과 성찰을 토대로 〈브라질의 교육과 현실〉이란 제목의 논문을 써서 교육 철학 및 역사 박사 학위를 받았어요.

이렇듯 파울루는 지식과 이론을 탐구하고 다시 이를 현실에 적용하는 과정을 반복했어요. 현실을 바꾸기 위한 노력에서 이론과 실천 중 어느 한쪽에만 치우치지 않도록 늘 노력했지요. 파울루는 이를 '이론과 실천의 긴장'이라고 불렀어요. 어떤 문제를 해결할 때, 특히 오랜 역사와 사회 전체에 퍼진 문제를 해결해야 한다고 할 때, 체계적인 이론이 뒷받침되지 않은 실천만 반복한다면 어떨까요? 반대로, 그런 문제 앞에 지식과 이론만 떠들어 댄다면 어떨까요? 그 각각의 결과를 파울루는 알았기에 양쪽을 부지런히 오가는 것만이 그 긴장을 해소하는 길임을 알고 평생 행했던 거지요.

파울루는 조카 크리스치나에게 보낸 편지에서 이에 대해 다음과 같이 언급했어요.

"(……) 그렇기 때문에 우리는 늘 실천을 연구해야 하는 거야. 첫 술에 배부르지 않더라도 꾸준히 노력해야지. 당시 나의 실천은 많은 독서로 이어졌단다. 이 독서는 내가 하는 일을 이해하는 데 도움이 됐어. 독서는 내 실천이 옳다는 걸 증명해 주기도 했고, 내 실천을 향상시켜 주기도 했지. 또한 독서는 사회과학, 언어학, 철학, 인식론, 교육학, 역사, 브라질 교육의 역사 등 여러 분야에 관한 다른 독서로 나를 안내해 줬어. 나아가 상황을 읽는 데 필요한 도구가 생겼고 나는 독서를 통해 그 상황에 개입할 수 있게 됐단다."

수많은 현상을 보고 쏟아지는 정보를 읽고 들어도 그것들을 해석할 수 있는 기준과 통찰력이 없다면 쓸모없는 정보에 불과하죠. 우리는 독서를 통해, 또 독서를 하면서 깊이 생각함으로써 우리가 '보는' 것을 '읽을 수 있는' 일종의 렌즈를 갖게 돼요. 그게 실천과 무슨 관계가 있냐고요? 행동, 즉 실천을 위해서는 그에 앞서 상황을 정확히 이해하고 판단할 수 있어야 하잖아요. 그런데 지금 내가 보는 게 무엇을 의미하는지 알 수 없다면, 세상 속에서 내가 처한 상황을 읽고 해석할 수가 없다면, 대체 어떻게 다음 걸음을 내디딜 수 있을까요?

'문화'를 매개로 대중을 일깨우다

1959년에 〈브라질의 교육과 현실〉이라는 논문으로 박사 학위를 받은 파울루는 이듬해 헤시피 대학 인문대의 교육역사·철학과의 교수로 임명됐어요. 파울루는 교수직을 편히 책에 파묻혀 강의하고 토론만 하면 되는 안일한 자리로 받아들이지 않았어요. 또 다른 실천이 필요했던 거지요. 그런 그를 기다린 것은 헤시피의 신임 시장 미게우 아하이스의 강한 사회 변혁 의지로 만들어진 MCPMovimento de Cultura Popular라는 조직이었어요. '대중문화운동'을 뜻하는 MCP는 이름 그대로 대중이 쉽게 다가갈 수 있는 '문화'를 핵심 매개로 삼았지요. 프랑스에서 유학 당시 그곳의 대중문화운동을 보고 깊은 인상을 받은 젊은 교육자 제르마누 꼬엘류가 이 조직의 창설을 맡았는데요. 그는 MCP의 창립 멤버들과 함께 그토록 기대하던 파울루가 비로소 MCP에 합류하게 된 1969년의 그날을 감격으로 기억해요.

"파울루가 학위를 받은 직후 저와 동료들은 기쁨에 들떠 그를 기다렸어요. 앞으로의 계획과, 최근 사무실을 얻은 일, 조직의 정관에 대해 묵묵히 다 듣고 난 그는 머뭇거리지 않고 말하더군요. '거기 제 이름도 써넣으시지요. 저도 여러분과 같은 배를 탔습니다.'"

MCP는 교육과 문화, 정치 등 브라질 사회의 많은 영역에서 소외된 대중이 문화 활동을 통해 현 사회에 참여하는 것은 물론 일궈 내야 할 변화의 주체가 되도록 하기 위한 운동이었어요. 즉 그들이 가진 저항 의식을 여러 문화 형태로 표출하도록 돕는 거지요. 문맹이 많아 전통적인 지식과 그것을 배우는 방식에 어려움을 느끼는 대중의 적극적인 참여를 이끌 수 있는 가장 좋은 방법이 바로 '문화'라고 믿었거든요.

파울루가 MCP에서 맡은 역할은 문화 부서의 성인 교육 프로젝트였어요. 그가 기획하고 실행한 다양한 프로젝트들 중 대표적인 '문화서클'과 '문화센터'는 헤시피 전역으로 퍼져 한동안 중요한 문해 교육의 거점으로 기능했어요. 이 둘에 대해 파울루는 조카 크리스치나에게 이렇게 설명했어요.

"문화센터는 문화서클, 이동식 도서관, 연극 공연, 여가 활동, 스포츠 행사를 운영하는 넓은 공간이야. 문화서클은 가르침과 배움이 가르치는 사람과 배우는 이들 간의 자유로운 대화와 참여로 이뤄지는 공간이란다."

특히 문화서클은 주민들이 직접 토론에 참여함으로써 그들이 겪고 있는 어려움의 근본을 이해하고 그것이 그들의 의지와 참여로 변화될 수 있다는 것을 스스로 깨닫게 하기 위한 모임이었어요. 이 프로젝트에 교사로 참여한 헤시피 지역의 많은 대학생이

서클을 운영하기 위한 장소 섭외와 주민 홍보까지 많은 일을 맡아 했답니다.

"안녕하세요. 저희는 헤시피시의 지원으로 만들어진 MCP에서 나왔답니다. 헤시피 대학의 여러 교수님이 참여하고 계세요. 더운 날 일하시느라 많이 힘드시죠? 저희가 앞으로 정기적으로 문화서클이라는 걸 운영하게 됐는데요. 한번 오셔서 보시겠어요? 동네 분들과 모여 세상 돌아가는 이야기도 하시고요."

생활고에 찌든 많은 사람에게 이 초청은 황당하고 뜬구름 잡는 이야기로 들렸을 거예요. 하지만 청년들은 열심히 주민들을 찾아다녔고, 이렇게 구성된 서클들은 마을의 광장, 축구 클럽, 교회, 자선 단체와 같은 장소에서 주기적으로 모이기 시작했어요. 서클 모임은 정해진 '주제'를 가지고 대화하는 방식으로 진행됐어요. 진행자의 조율이 필요하기는 했지만 시간이 갈수록 주민들이 직접 주제를 제안하고 선정할 수 있게 됐어요. 자녀 훈육과 날씨처럼 일상적인 것들부터 그들이 브라질 사회에 가진 불만에 이르기까지 주제는 점점 다양하고 진지해졌지요.

처음에는 적대적인 태도를 보이거나 호기심으로 왔던 사람들도 점차 적극적으로 토론에 참여하게 되었어요. 이를 지켜보며 파울루는 한 가지를 깨닫게 되었죠.

'아, 내 미래, 내 아이들의 미래는 정해진 게 아니구나. 내가 꿈

꾸는 한 다른 미래는 가능한 거야!'

40일, 40시간의 기적의 학습법

1963년 4월, 브라질 북부 히우그랑지두노르치주에 속한 앙지꾸스Angicos라는 작은 도시에서는 세계를 놀라게 한 프로젝트가 시작됐어요. 그간 성인 문해 교육의 권위자로 입지를 다진 파울루가 국가 문해주의 프로그램의 책임자로서 그의 문해 교육 시스템을 앙지꾸스 주민에게 정식으로 적용하게 된 거지요. 파울루는 MCP 일원으로 활동하던 시기 헤시피 대학의 총장이었던 주어웅 꼬스따 리마와 함께 대학 내에 SEC Serviço de Extensão Cultural를 만들었는데요. '문화 확장 서비스'를 뜻하는 SEC는 지역 초·중·고등학교의 발전과 문맹 퇴치를 위해 기여하는 것이 대학의 마땅한 사명이라고 생각하는 리마 총장과 파울루의 노력의 산물이었어요.

파울루는 MCP에서 문해 교육 프로젝트를 실행하며 개발해 낸 문해 교육 방법을 SEC에서 더욱 체계화할 수 있었어요. 그리고 이미 헤시피 일대의 여러 곳에서 그 효율성을 검증받았답니다. 그리고 1963년, 이제 온 나라가 주목하는 가운데 실행하게 된 앙지꾸스에서의 프로젝트에서는 40시간 만에 성인들이 글을 깨우치게 하는 것이 목표였어요.

이를 위해 21명의 교사가 투입됐어요. 첫 번째로 구성된 반에만 380명의 학생이 모여들었고, 결과적으로 이 중 300명이 글을 읽고 쓸 수 있게 되었지요. 이 300명의 학생이 졸업하는 날에는 당시 대통령이었던 주어웅 굴라르도 참석했어요. 이렇게 이날은 파울루의 새로운 학습법이 공식적으로 인정받은 날로 역사의 한 페이지를 당당하게 차지하게 됐어요.

수업을 하면서 감격스럽고 가슴 벅찬 순간이 얼마나 많았을까요! 한번은 그와 함께 글을 배우던 조아낑이라는 학생이 '니나Nina'라고 쓰고는 갑자기 웃음을 터뜨리지 않겠어요? 파울루는 왠지 그가 웃는 이유를 알 것 같았어요. 흥분된 어조로 그에게 물었죠.

"무슨 일이지요? 왜 그렇게 웃어요?"

웃음을 그친 학생은 자신 있게 말했어요.

"니나, 니나, 바로 제 아내의 이름이에요. 제 아내 말입니다!"

그 남자의 기쁨을, 파울루의 희열과 전율을 상상할 수 있나요? 파울루는 태어나 처음으로 비로소 자기 아내의 이름을 쓸 줄 알게 된 한 남자의 행복이 자기에게도 밀려오는 듯했다고 당시를 회상해요.

파울루는 1993년, 근 30년 만에 앙지꾸스를 다시 찾아 프로그램에 참여했던 사람들과 직접 마주할 기회가 있었는데요. 그중 교육자들과 학생들과의 감격스러운 재회에서 파울루는 다음과 같

어린 자녀를 데리고 문화서클의 문해 수업에 참석한 노동자

문화서클 수업 장면

은 말을 들을 수 있었지요.

"선생님, 저희는 그 수업에서 브라질 사회의 성격을 읽는 법만 배운 게 아니었어요. 우리는 그것을 새로 쓰는 법 또한 배웠습니다."

'비공식적 지식'이 하찮다고?

공식적 절차와 규범, 지식을 위주로 일해야 했던 SESI에서의 시간은 역설적이게도 파울루가 그 '공식' 혹은 '정식'의 틀에 끼지도 못한 브라질의 많은 서민을 만나고 그들이 가진 비공식적 지식의 가치를 더 절실히 깨닫게 된 시간이었어요. 앞에서도 본 것처럼 비공식적 지식은 우리가 삶을 통해 배우는 지식이에요. 제도권의 교육에서 가르쳐 주지 않고, 책이나 문서에 기록되지도 않으며, 그래서 시험에서도 전혀 물어보지 않는 지식이에요.

그저 국가가, 학교가 가르쳐 주는 것만 받지 않고 그 밖의 것을 궁금해 하는 파울루의 성격은 사실 어린 시절부터 시작된 것이었지요. 가난한 형편에 부모님을 도와 생업과 살림을 돕느라 학업에 전념하지 못해 학교에서는 천덕꾸러기였던 친구들도 파울루에게는 소중한 친구였죠. 제지뉴도 그중 하나였어요. 파울루가 볼 때 제지뉴는 그저 공부도 못 하고 자기보다 못 사는 친구가 아니라 공부는 잘하지 못해도 다른 뛰어난 재능을 가진 멋진 친구였어요.

"제지뉴, 아마 우리 학교, 아니 자보아떠웅 전체를 뒤져도 구두를 너보다 반짝거리게 닦을 수 있는 사람은 없을 거야!"

또한 파울루의 눈에 제지뉴는 학교에서 제일가는 구슬치기 내장이었어요.

"제지뉴, 어떻게 하면 구슬치기를 너처럼 잘할 수 있어? 나한테도 가르쳐 줄래?"

제지뉴는 어떤 구슬이 좋은 구슬인지, 구슬을 어떻게 튕겨야 하는지에 대해 조언해 주곤 했어요.

SESI에서 일하기 시작하면서, 그리고 노동자들을 비롯해 비참한 현실에 처한 사람들에게 글 읽기와 쓰기를 가르치면서도 파울루는 단순히 그들 '위에' 거만하게 서서 지식을 기계적으로 주입하는 방법을 택하지 않았어요. 자신은 그 학생들보다 모든 면에서 훌륭하기 때문에 그들의 상황을 알고 그들의 이야기에 귀 기울일 필요가 없다고 생각하지도 않았어요. 예를 들면, 가난한 농민들에게는 이렇게 말하곤 했지요.

"나는 여러분보다 책을 더 많이 읽어서 여러분에게 글을 가르쳐 주고 여러 학자의 말을 인용할 수 있습니다. 하지만 그게 나를 당신보다 우월한 사람으로 만들지는 않소. 나도 당신으로부터 배울 게 있으니 말이오. 이를테면 당신은 내게 옥수수가 언제 가장 맛이 있는지, 야자수 잎으로 어떻게 바구니를 만드는지를 가르쳐 줄 수 있소."

경험은 그것이 아무리 개인적이고 하찮아 보이고, 심지어는 고통스러운 것일지라도 버릴 것이 없어요. 자신이 그것을 꿰어 어딘가에 쓸 마음만 있다면 책 속에서 얻은 '공식적 지식' 못지않게 훌륭한 자산이 될 거예요. 반면 아무리 책을 많이 읽고 지식이 많아도 그걸 쓰지 않는다면 무슨 의미가 있을까요?

파울루 프레이리 학습법

도대체 어떻게 40일에 걸친 40시간의 수업으로 300명의 사람이 글을 깨우칠 수 있었을까요? 앙지꾸스에서 파울루가 사용한 수업 방법은 가르침과 배움은 학습자가 처한 현실에서 출발해야 한다는 그의 신념을 충실히 반영한 것이었어요. 파울루는 다른 연구자들과 협력해 주민들이 실제 사용하는 기초 단어들을 조사해 목록을 작성하고, 그것을 바탕으로 현지 어휘를 사용한 문해 과정을 시작했어요. 이 학습법이 이루어지는 단계를 살펴볼까요?

1. 생성어 수집: 첫 단계는 학생들의 어휘 세계 조사예요. 편안한 대화를 통해 교사는 학생들과 지역 공동체에서 가장 많이 사용되는 어휘를 관찰하고 수업의 기초로 쓰일 단어들을 선정하죠. 그 수는 대략 18~23개 정도가 적당해요. 이때 기준은 어떤 말들이 음성학적으로 더 풍부한가 하는 거예요. 음절 조합이 단순한 것에서 복잡한 순으로 몇 가지 단어들을 골라요. 이렇게 생성어가 수집된 후에는 교사가 각 단어를 이미지와 함께 큰 종이에 써서 보여 줘요. 그리고 그 반이 처한 현실 속에서 각 단어가 가진 의미를 찾기 위해 토론을 시작해요.

2. 음절 분해: 단어의 의미를 확인한 다음에는 각 생성어를 음절 단위로 잘라요. 그 후 각 음절에 가능한 다른 모음들을 조합해요. 예를 들면, 한 단어에서 '바'라는 음절이 있다면, '바–베–비–보–부' 이런 식으로 다른 소리를 만들어 보는 거지요. 이 과정을 단어의 모든 음절마다 반복해요.

3. 새로운 단어 형성: 학생들은 교사의 지도하에 위의 단계에서 발생한 모든 음절들을 자유롭게 조합하여 새로운 단어들을 만들어요. 이때 중요한 것은 이 단어들 역시 학생들이 처한 현실과 밀접한 관련이 있는 것들이라는 거예요.

4. 의식화: 이 학습법의 근본적인 특징은 생성어에서 발생한 다양한 주제들에 관한 토론을 독려한다는 거예요. 파울루에게 있어 글을 깨우친다는 것은 단순히 단어를 만들고 해독하는 과정에 국한되어서는 안 되는 것이었어요. 이런 방법을 통해 파울루가 성인 문해 과정의 목표로 삼은 것은 일상에서 겪는 문제들에 대해 깨닫고, 세계를 이해하고, 사회적 현실을 알도록 장려하는 것이었어요.

그럼 2, 3 단계의 구체적인 예를 들어 볼까요? 실제 파울루가 브라질리아의 노동자들과의 수업에서 사용했던 '벽돌'을 뜻하는 단어 'tijolo'에서 출발해 보도록 해요. 당시 브라질리아로의 수도 이전이 결정되고 신수도 건설 분위기가 한창이었거든요.

① 교사는 '건설 현장에서 일하는 사람들'이라는 구체적인 상황 속에 있는 'tijolo'라는 말을 소리 내어 말해요.
② TIJOLO라는 단어를 써요.
③ 이번에는 다음과 같이 이 단어를 음절로 분해하여 제시해요.
   TI – JO – LO
④ 첫 번째 음절인 TI에서 'i' 자리에 다른 모음들을 만들어 가능한 음절들을 만들어

©André Koehne

봐요.

TA - TE - TI - TO -TU

⑤ 두 번째 음절인 'JO'를 가지고 같은 과정을 반복해요.

JA - JE - JI - JO - JU

⑥ 세 번째 음절 'LO'로도 같은 과정을 거쳐요.

LA - LE - LI - LO - LU

⑦ 위의 새로운 음절들을 한꺼번에 써서 보여 줘요.

TA - TE - TI - TO -TU

JA - JE - JI - JO - JU

LA - LE - LI - LO - LU

출처: 브라질은행재단《Projeto Memória(기억 프로젝트)》파울루 프레이리 편

학생들은 교사의 지도하에 위의 음절들 중 일부를 골라 자유롭게 조합해 새로운 단어를 만들어요. 위의 음절들로는, 깡통을 뜻하는 'lata', 천장을 뜻하는 'teto'라는 단어를 만들 수 있겠지요. 이렇게 학생이 스스로 새로운 음성학적 조합을 해내고 실제 포르투갈어에 존재하는 단어를 만드는 데 성공하면 그 학생은 비로소 글을 깨우쳤다고 볼 수 있는 거예요. 이런 방법으로 단어뿐 아니라 문장을 만들어 내는 것도 가능하겠지요.

사실 파울루가 근본적으로 목표한 것은 문맹자들이 '의식화'를 통해 글자를 깨우치는 과정에 적극적으로 개입하는 것이었어요. 즉, 단순히 글자를 기계적으로 읽고 쓰는 법을 배우는 것이 아니라 그것을 통해 세계를 읽고, 자신과 세계의 관계를, 자신의 인생을 계획하는 법을 깨우치도록, 아니 그보다 앞서 자신이 그런 주체가 될 수 있다는 것을 깨우치는 것이야말로 이 학습법의 궁극적 목표라 할 수 있어요. 이 방법은 '파울루 프레이리 학습법'이라는 이름으로 오늘날까지도 전 세계에서 각자의 현실에 맞게 수정·보완하여 널리 쓰이고 있어요.

사회 변혁을
꿈꾼 대가

내가 이미 어린 시절에 '권력자들의 사악함과 억눌린 이들의 나약함에
대한 묵인'을 겪고도 그 묵인의 이유를 SESI 창설 시기에 알게 되었다는
사실은 매우 흥미로운 일이다. SESI 창설 무렵, 나는 오래전의 막연한
'추측'들을 '서로 연결 짓고', '분명히 밝히고', 비판적인 시각으로 세상을
볼 수 있게 되었다. (……) 수년이 지나 그때 '서로 연결 짓고', '분명히 밝힌'
어떤 것을 실천으로 옮긴 덕분에 나는 몇 년 뒤 망명을 떠나야 했다.

파울루 프레이리, 《희망의 교육학》에서

호기심 많던 소년이 성인이 되어, 그리고 교육자로서 던지게 되는 질문들
은 권력을 잡은 사람들의 심기를 건드리게 돼요. 문제는 그가 그 질문들
을 다른 사람들과 공유하면서 그들이 속해 있는 세계를 향한, 자신의 인
생을 향한 질문을 스스로 가지도록 도운 거지요. 지배 계층의 입장에서
보면, 감히 그저 권력에 복종해야 할 수많은 민중을 깨우려고 한 거예요.
그리고 실제로 수많은 사람이 깨어나기 시작했어요. '브라질엔 변화가 필
요하다.' 이것이 그러한 자각의 핵심이었어요. 정권이 바뀌면서 파울루는
요주의 인물이 됐어요. 그리고 그에게 주어진 선택 아닌 선택은 브라질을
떠나는 것, 바로 '망명'이었어요.

위험 인물로 낙인찍히다

SESI에 들어가면서, 이후에는 MCP와 SEC와 같은 조직 활동을 통해 더 구체화되고 분명해진 파울루의 민중을 깨우려는 노력은 그를 위험에 빠트리게 돼요. 그와 그가 일의 진보적인 성향 때문에 보수주의 세력으로부터 공산주의적이라는 공격을 꾸준히 받아 왔어요. 파울루의 문해 교육 시스템을 지원했던 주어웅 굴라르 대통령과 그 정부는 사회 대부분 영역에서 소외되고 멸시당해 온 빈민을 어엿한 시민으로 끌어안기 위해 애썼지만, 군부와 일부 민간 세력은 그 생각에 동의하지 않았어요. 그러던 중 끝내 군부가 일으킨 1964년 군사 쿠데타는 기어코 그를 범법자로 만들고 말아요.

"파울루 헤글루스 네비스 프레이리, 당신을 국가 전복을 위한 대중 선동 혐의로 체포하겠습니다."

'체제 전복 모의' 외에도 경찰이 내건 공식적인 명분이 하나 더 있었는데요. 바로 '무지'였어요. 1978년 브라질의 가장 심각한 문제들을 거침없이 다루었던 신문 〈빠스낑〉에 실린 인터뷰에서 감옥에 가게 된 이유에 대한 질문에 파울루는 당시를 회상하며 말했어요.

"전복 모의, 그게 이유였지요. 또 제가 무식해 보이는 인상을 갖고 있다고 하더군요. 그게 범죄는 아닐 텐데 말이지요."

교육자의 길에 들어서다

당시 앙지꾸스 등 일부 지역에서 그 효율성을 검증받은 그의 문맹 퇴치 교육법은 1963년 1월부터는 교육부의 공식 프로그램으로 파울루의 주도하에 전국적인 확산을 코앞에 두고 있었어요. 하지만 이 역시도 허무하게 중단되고 말았어요. 당시 4000만 명에 이르는 문맹자들이 글에, 그리고 세계에 눈을 뜨게 될 순간을 눈앞에 두고 말이지요.

수업에 참여하던 학생들은 아무런 설명도 듣지 못하고 흩어져야만 했어요. 다시 희망 없는 이전의 삶으로 돌아간 사람도 있었을 테고, 정부의 감시망을 피해 어렵사리 혼자서 혹은 자기들끼리 모여 이전의 배움에서 얻은 지식과 깨우침을 실천해 나간 사람도 있었을 거예요. 하지만 확실한 것은 적어도 당분간은, 전국적인 확대일로에 있던 문맹 퇴치 프로그램이 아직 이를 한 번도 접하지 못한 많은 지역에, 많은 사람에게 닿을 수 있는 길이 막혔다는 거예요.

파울루는 혜시피와 올링다에 있는 여러 구치소에 72일 동안 감금됐어요. 새 정부에게는 그가 실제로 공산주의자인지 아닌지는 상관없었어요. 중요한 것은 파울루가 정부의 정책에 따르고 열심히 일해야 할 노동자들이 사회에 대해 자신의 의견을 갖도록 돕는다는 사실이었어요.

그 같은 현실 지적은 엘리트 계층이 이끄는 정부에게 위협적인 것이기도 했지만, 억압당하는 이들에게도 반갑기만 한 것은 아니었어요. 일단 자신들이 차별받고 억압당하는 현실이 문제라고 인정하는 건 매우 비참한 일이었어요. 인정하더라도 거기서 벗어나려면 도대체 어디서부터 시작해야 할지 알 수 없었죠.

"저희를 그냥 이대로 두십시오. 우리는 괜찮습니다. 우리 가족의 입에 풀칠하는 정도면 더 바랄 게 없습니다. 농장주도 좋은 사람이라 성탄절이 되면 먹을 것도 꼬박꼬박 챙겨 줘요."

"예, 우리는 비참합니다. 나는 이렇게 평생을 산다 해도, 내 자식들이나 손자들이 똑같은 삶을 반복해야 한다고 생각하면…… 끔찍합니다. 하지만 대체 내가 뭘 할 수 있습니까?"

이렇게 자의로든 타의로든 현재의 삶에 머물 수밖에 없다고 믿는 사람들에게 '문제를 비판'하고, 또 그것을 '해결'하려는 의지를 심어 주려는 노력은 당연히 '위험한' 것으로 간주되었겠죠. 그런 와중에 파울루의 말과 행동은 그 당시로서는 새롭고 대담한 것이었고, 변화를 갈망하던 사람들에겐 한 줄기 빛과도 같았어요. 하지만 보수적 질서하에 강력한 중앙 집권을 이루려는 새 정부가 그를 가만둘 리 없었어요.

"에우자, 아무래도 이제 브라질을 떠날 때가 온 것 같소."

헤시피에 있으면서 두 차례나 경찰 심문에 응해야 했던 파울루
는 72일간의 감옥 생활 후, 아내 에우자와 자신이 처한 아픈 현실
을 인정할 수밖에 없었어요.

사실 파울루는 감옥에 가기 전, 쿠데타가 발발한 직후 브라질을
떠날 기회가 있었답니다. 하지만 그렇게 할 수 없었어요. 당시 브
라질에 일고 있던 민주주의와 사회 정의의 실현을 위한 열띤 투
쟁, 더 나은 세상에 대한 젊은이들의 믿음을 나 몰라라 할 수 없었
거든요. 그는 결심했어요.

'여기에 머물러 그들과 함께 이 역사의 증인이 되겠어. 나는 순
교자가 아니고 되고 싶지도 않지만, 내가 할 수 있는 최선을 다할
거야. 내 책임을 다하기 전에는 브라질을 떠날 수 없어.'

그리고 죽기까지 그때 브라질을 떠나지 않았던 것을 후회한 적
이 없었어요. 하지만 그의 결심을 지키는 것은 쉽지 않았어요. 계
속되는 심문과 투옥에 신변에 위협을 느낀 그는 자신과 가족을 보
호해야 했어요. 그리고 결정적으로 파울루가 떠날 결심을 하게 된
것은 이런 생각이 들고 나서였어요.

'내가 유일하게 할 줄 아는 것을 금지당했는데, 이곳에 머무는

게 무슨 의미가 있을까?'

일단 떠날 결심을 하자 파울루는 브라질 주재 볼리비아 대사관에 은신을 신청했어요. 고맙게도 볼리비아 대사관은 파울루와 가족에게 문을 열어 주었고, 머지않아 그것은 곧 볼리비아로의 망명으로 이어졌어요. 볼리비아 정부가 그에게 교육부의 교육 자문직을 제안하고 공식적으로 계약까지 체결하게 됐거든요. 사실 볼리비아는 망명 신청을 받아 준 유일한 나라이기도 했어요.

대사관에 은신해 있는 동안 오랜 친구인 오질롱이 파울루를 찾아왔어요. 오질롱과는 헤시피 법대에서부터 우정을 이어 온 사이로 당시 그는 연방 정부의 하원 의원이었답니다. 부유한 집안 출신인 그는 자신이 부자인 걸 으스대지는 않았지만 그렇다고 죄스러워하지도 않았어요.

"파울루, 여기 이 책들 라빠스에 가져가서 읽게나."

오질롱은 파울루를 얼싸안으며 책 한 뭉치를 건넸어요. 교육, 교육철학, 문학 분야의 책들이었죠. 어렵게 찾아와 준 것만도 고마운데 파울루가 짐가방에 가장 넣고 싶은 것들을 챙겨 준 오질롱의 마음이 무척 고마웠어요. 오질롱은 떠나기 직전에 마치 깜빡 잊었다는 듯 봉투 하나를 내밀었어요. 그 안에는 150달러가 들어 있었죠.

"파울루, 에우자가 찾아오거든 이 말을 꼭 전해 주게. 에우자와 내 조카들이 어려움을 겪고 있는데 그걸 모르고 지나쳤다는 사실을 내가 나중에 알았다면 몹시 슬펐을 거라고."

1964년 9월, 기어코 그 슬픈 날은 오고 말았어요. 볼리비아 대사가 파울루의 보호인 자격으로 여정에 동행했어요. 그런 사실이 매우 고맙고 다행스러운 것임은 분명했지만 43년을 산 자기 나라에서 쫓기듯 떠나야 하는 마음이 오죽했을까요. 창공으로 떠오른 비행기 차창 너머를 하염없이 바라보고 있을 때 기장의 목소리가 들렸어요.

"이제 브라질 영토를 막 벗어났습니다!"

그때 파울루는 이런 생각을 했다고 해요.

'아마 이렇게 브라질 땅을 보는 것도 오늘이 마지막이겠지……'

파울루는 브라질을 떠날 당시 브라질로의 귀환에 관한 환상은

여기서 잠깐

'망명'이란?

정치, 종교, 인종, 민족과 같은 측면에서 국가의 방침에 벗어나는, 그래서 질서 유지에 방해나 위협이 된다고 판단되는 개인 혹은 민족 전체가 강제로 다른 나라로 추방당하는 것 또한 망명이라고 볼 수 있어요. 현재에 와서 망명의 의미와 범위에 대한 해석은 다양하지만, 여기서는 '외부적 압력에 의해 불가피하게 자기의 나라를 떠난다'는 의미에 집중하기로 해요.

조금도 갖고 있지 않았던 거지요. 한편으로는 그렇게 미련을 두지 않는 편이 도움이 되기도 했어요. 에우자도 같은 마음가짐으로 망명 생활에 임했답니다. 훗날 파울루가 회상한 것처럼 그편이 '그리움을 그럭저럭 다루는 데' 도움이 되었거든요.

교육자의 길에 들어서다

3

Paulo Freire

전 세계를 누비며

배움과 변화의 희망을 심다

망명지에서도
삶은 계속되다

"내게 있어 망명이란 배움의 시간이었소.

망명을 떠나 있을 때 나는 브라질과 거리를 두었고,

그때 비로소 나를, 또 브라질을 더 잘 이해하기 시작했으니 말이오."

파울루 프레이리,
브라질의 작가이자 성직자인 프레이 베뚜와의 대화에서

망명은 그것이 자의든 타의든 자신의 나라에서 받고 있는 탄압이나 위협에 의한 어쩔 수 없는 선택이란 점에서 어두움과 무거움을 안고 시작할 수밖에 없어요. 또한 그런 생활이 언제까지 지속될지, 언제 조국으로 돌아갈 수 있을지 모르기 때문에 망명국의 보호를 받으면서도 좀처럼 마음 붙이기가 쉽지 않겠지요. 자칫하면 삶이 중단된 것 같은, 정처 없이 표류하는 삶이 될 수도 있을 거고요. 하지만 파울루는 인생에 닥친 망명이라는 사건을 오히려 기회로 삼기로 결심했어요. 망명이 파울루를 어떤 길로 이끌었는지, 아니 파울루가 망명이라는 현실에 어떻게 대처했는지 그 여정을 함께 따라가 볼까요?

첫 망명지, 볼리비아에서의 경험

1964년 10월, 파울루는 홀로 볼리비아 라파스에 도착했어요. 망명자의 신분으로 급히 브라질을 떠나야 했기에 에우자와 자녀들은 브라질에 남아 곧 파울루를 따를 준비를 하고 있었지요. 그를 브라질 밖으로 내몬 진보적인 생각, 특히 올바른 교육이 변화를 이끄는 힘이라는 믿음은 빅또르 빠스 에스뗀소로 정부가 이끄는 볼리비아가 간절히 필요로 하던 것이었어요.

"우리 볼리비아를 변화시켜 주시오. 소외된 이들이 교육의 기회를 가지고 자기 삶의, 그리고 볼리비아의 진정한 주인이 될 수 있도록 도와주십시오!"

여러 민족으로 구성된 볼리비아는 세계에서 정치·경제적으로 가장 불안한 나라 중 하나였어요. 식민 시대에 뿌리를 둔 엄청난 빈부 차가 그 원인 중 하나였고, 볼리비아는 그런 상황을 타개할 수 있는 새로운 교육과 혁신적인 정책이 절실했어요.

볼리비아의 고도에 조금이나마 적응이 되자 파울루는 브라질 망명자 신분증을 만드는 데 필요한 사진을 찍으러 갔어요. 파울루가 돈을 내고 사진을 언제 찾으러 오면 될지 주인에게 묻자 그는 이렇게 대답했어요.

"월요일 5시 전에는 준비되어 있을 겁니다. 그날 5시에 혁명이 시작되거든요."

그리고 실제로 일이 터졌어요. 공식 기록상으로는 1964년 11월 4일의 일이었지요. 부통령으로 있던 바리엔토스 총사령관이 에스뗀소로의 과감한 국정 운영에 반기를 들고 군사 쿠데타를 일으킨 거예요. 에스뗀소로는 1952년 혁명을 일으켜 정권을 잡은 인물로, 1964년에는 대통령으로서 두 번째 임기를 수행하고 있었어요. 하지만 그의 혁명 정신에 동의하지 않는 이들이 있었고, 결국 에스뗀소로 정부는 전복되고 말았어요.

안 그래도 해발고도가 약 3,500미터나 되는 볼리비아에서 고산병으로 고생하던 파울루는 이 사건으로 볼리비아를 떠나야겠다는 결심을 굳히게 됐어요. 새 정부는 파울루와 가족의 망명자 신분을 존중했고 어떤 해도 끼치지 않았지만, 그렇다고 그에게 어떤 역할을 기대하지도 않았으니까요.

"나는 그저 안전한 생활을 보장받으려고 브라질을 떠난 게 아니야. 볼리비아를 위해 내가 할 수 있는 일이 없다면 이곳에 머무는 건 의미가 없어."

친구들의 도움으로 정해진 목적지, 칠레

'이제 어느 곳으로 가지? 어느 나라가 나를 받아 줄까?'

파울루는 매우 초조했어요. 게다가 곧 에우자와 아이들도 볼리비아로 올 예정이었거든요. 하지만 볼리비아의 사태로 계획을 변경해야 했지요. 파울루는 에우자에게 전보를 보냈어요.

"여보, 아이들과 함께 당분간 브라질에 더 머물러야겠소. 이곳에 쿠데타가 일어났고 조만간 나는 여기를 떠날 계획이라오."

가뜩이나 브라질 당국의 감시로 연락이 쉽지 않은 때에 이런 중대한 소식이 가족에게 잘 전해질까 파울루는 며칠을 노심초사했어요. 실제로 전보를 보낸 후로 거의 한 달이나 연락이 되지 않았으니 얼마나 불안했을까요. 또 어디로 가야 할지, 거기까지 가는데 필요한 경비는 어떻게 마련해야 할지 막막하기만 했어요. 파울루는 세계 각지에 있는 친구들에게 편지를 보내 그가 어느 나라로 갈 수 있을지, 그곳으로 가도록 도와줄 수 있는지를 물었어요.

"파울루, 칠레로 오게. 자네가 이곳에 올 수 있도록 우리가 돕겠네."

다행히 칠레에 머물며 칠레 정부, 정부 기관들과 일하고 있던 그의 브라질 친구들이 도움의 손길을 내밀었어요. 특히 파울루의 칠레행에 결정적인 도움을 준 친구들은 먼저 칠레에 망명을 떠나 있던 네 사람, 파울루 쌍뚜스, 쁠리니우 쌍빠이우, 찌아구 지 멜루, 스떼반 스뜨라우스였어요. 파울루 쌍뚜스와 쁠리니우 쌍빠이우는 칠레의 대통령과 외교부 장관을 비롯한 주요 정치인들과 친

전 세계를 누비며 배움과 변화의 희망을 심다

분이 있었고, 찌아구와 스떼반은 각각 문화공보관, 농학자로서 칠레의 중요한 인물들을 알고 있었거든요. 무엇보다 그들은 선배 망명자로서 브라질의 군사 독재 기간 동안 늘어 가는 브라질의 망명자들을 적극적으로 도왔답니다. 파울루는 스떼반이 라파스에 오는 지인을 통해 보내온 돈과 브라질에서 볼리비아 대사관에 머물 당시 오질롱이 준 돈을 합쳐 칠레로 오는 여비를 마련할 수 있었어요.

칠레에서 존재의 의미를 되찾다

"산소 만세!"

11월, 칠레 아리카Arica 공항에 도착했을 때 파울루 자신도 모르게 외친 말이에요. 사실 망명자의 신분이 주는 무게는 결코 가볍지 않았어요. 그런데 볼리비아에서마저 갑작스러운 쿠데타가 일어나고 고도 문제까지 더해져 심신이 약해져 있었거든요. 특히 라파스에서는 항상 산소가 모자랐기 때문에 잠시 일을 하기만 해도 쉽게 지치곤 했어요. 평소 2,200미터만 넘어가도 목덜미와 머리에 극심한 통증을 느끼고 호흡이 곤란해지는 그로서는 아리카 땅을 밟은 순간 마치 다시 삶을 되찾는 것 같은 기분이었을 거예요.

파울루의 칠레 입성을 도운 친구들인 파울루 쌍뚜스와 뻴리니우 쌍빠이우는 브라질에서 기독민주당 출신으로, 마침 1964년의 칠레는 기독민주당 에두아르도 프레이 집권하에 있었어요. 친구들은 정치 노선이 일치하는 칠레의 집권당과의 친분 덕분에 큰 호의를 얻어 파울루가 칠레로 무사히 오도록 도울 수 있었던 거예요. 다행히 그가 도착하고 얼마 뒤에 에우자와 자녀들도 무사히 칠레로 건너와 마침내 온 가족이 함께 살 수 있게 됐어요. 그는 1992년 출판된 그의 책 《희망의 교육학》 1장에서 당시를 회고하며 다음과 같이 기록하고 있어요.

"1965년 1월이 되어서야 우리 가족은 모두 함께 지낼 수 있게 되었다. 엘자와 세 딸 그리고 두 아들은 공포심과 의구심, 희망, 두려움 속에서 나와 함께 낯선 땅에서 새 생활을 시작했다. 고국에 대한 향수를 느끼기도 했지만 우리가 생각지도 못한 방식으로 라틴아메리카를 알게 해 준 칠레는 갑자기 특별한 땅으로 우리에게 다가왔다."

칠레의 특별함은 파울루가 일자리를 얻게 되면서 더 커졌어요. 사실 칠레로 오기 전 친구들을 통해 무슨 일을 할 수 있을지 알아보고는 있었지만 도착할 때까지 정해진 바가 없었어요. 그런데 친구 스떼반과 찌아구의 도움으로 의외로 쉽게 해결되었답니다.

"자네 농축산업발전연구소에서 일해 보는 게 어떻겠나? 내가 그곳의 소장 하께스 촌촐과 친분이 있는데, 자네 얘기를 해 두었네."

스테반과 짜아구는 곧 파울루를 데리고 촌촐의 사무실로 갔지요. 아직 스페인어가 익숙지 않았던 탓에 약간의 어려움이 있긴 했지만, 둘은 연구소의 일과 파울루가 해 왔던 일에 관해 진지하게 이야기 나눴어요.

"파울루 박사님, 저를 도와 우리 연구소에서 일해 주실 수 있겠습니까?"

"물론입니다. 제 경험이 도움이 될 수 있으면 좋겠습니다. 제게는 칠레 사회와 사람들에 대해 배울 수 있는 소중한 기회가 될 것입니다."

칠레에 도착한 지 4일째 되던 날, 파울루는 연구소에 합류했어요. 그곳에서 파울루는 교육부의 산하 프로그램, 칠레 농업혁명을 위한 연구 및 역량 구축 연구소, 유네스코 자문 등 여러 역할을 맡게 되었고, 칠레의 여러 곳을 방문하며 노동자들과 농민을 만날 수 있었어요. 그와 가족의 안전을 보장해 주는 것만도 감사한데, 칠레는 5년이라는 시간 동안 파울루가 활발하게 학문 활동에 참여할 수 있는 터전을 마련해 주었답니다.

칠레 농민들과의 만남

칠레의 농업 개혁을 위해 일할 때 파울루는 브라질에서보다 훨

썬 더 적극적으로 현장에 뛰어들 수 있었어요. 농학자들과 농민들을 만날 수 있는 현장으로 직접 가서 그들의 생활을 관찰하고, 그들과 대화하고, 또 함께 일했지요. '농부 교육자'라는 별명이 붙을 정도로 그는 열성적이었어요.

칠레의 농업 현장에서 파울루가 집중했던 것은 자본과 권력을 가진 자들과 그렇지 못한 자들 간의 불평등한 관계였어요. 대농장주나 기술을 소유한 이들과 전통 농업 방식에 의존하는 시골 소농들 간의 관계는 억누르고 억눌리는, 착취하고 착취당하는 관계였던 거예요. 가진 것이라고는 건강한 몸과 노동력밖에 없는 농부들은 자본과 기술을 가진 대농장주나 기업에 의해 마치 물건과도 같은 취급을 받았지요.

어느 날, 파울루는 한 문화 동아리 모임을 참관하게 됐어요. 농민들의 대화와 토론을 경청만 하려던 파울루는, 그들과 대화하고 싶은 마음에 양해를 구하고 대화에 참여하기로 했어요. 칠레 소작농들이 처한 현실에 대한 열띤 대화가 오가던 중 잠시 침묵이 흘렀어요. 그때 한 농부가 침묵을 깨고 말했어요.

"선생님, 제 생각엔 선생님께서 대답하실 수 있을 것 같은데요. 선생님은 아시지만 저희는 모르니까요."

이 말은 그동안 수차례 그런 모임에 참여할 때마다 들어왔던 말이었어요. 하지만 파울루는 그 침묵을 자신의 말로 채우고 싶지 않았어요. 생각에 잠긴 그는 마침내 질문을 던진 농부에게 제안했어요.

"좋아요. 우리 게임을 하나 해 봅시다. 저와 여러분, 이렇게 편을 갈라 서로에게 질문해서 점수를 기록하는 겁니다. 제가 대답을 못하면 여러분이 1점을, 여러분이 못하면 제가 1점을 얻는 겁니다. 10개의 질문을 각자 하도록 하지요."

파울루가 먼저 질문했어요.

"소크라테스의 산파술이 무슨 의미인가요?"

모두 그의 엉뚱한 질문에 알 턱이 없다는 듯 깔깔깔 웃음을 터뜨렸어요. 파울루가 1점을 얻었지요. 농부들이 질문할 차례였어요.

"등고선이 왜 농사를 지을 때 중요한지 아시나요?"

파울루 역시 대답할 수가 없었지요. 1대 1이 되었고, 그는 다음 질문을 했어요.

"인식론이란 무엇인가요?"

2대 1이 되었어요.

"녹비는 무엇이지요?"

2대 2. 이렇게 질문은 계속되었고 결국 두 편의 점수는 10대 10이 되었어요. 모임이 끝나고 그는 농부들과 작별 인사를 나누며 이렇게 말했어요.

"오늘 오후 이곳에서 있었던 일을 생각해 보세요. 오늘 여러분들은 저와 아주 훌륭한 토론을 함으로써 이미 '그것'을 시작했어요. 나는 여러분들이 모르는 열 가지를 알았고, 여러분 역시 내가 모르는 열 가지를 알고 있어요. '그게' 무엇을 뜻하는지 생각해 보세요."

며칠 후, 파울루는 농부들과 다시 만나 대화를 이어 갈 기회를 얻었어요.

"그래요, (그 문제에 대해) 저는 알고 여러분은 모릅니다. 하지만 왜 그렇죠?"

전과 달리 농부들은 호기심을 가지고 질문에 반응했어요. 침묵의 시간은 더 짧아졌고 여러 대답이 여기저기서 나왔지요.

"왜냐하면 선생님께서는 박사님이시니까요. 저희는 아니고요."

"맞아요. 하지만 왜 저는 박사고 여러분은 아니지요?"

"선생님은 학교에 다니셨고 책도 읽으셨고 공부도 하셨지만, 저희는 아니니까요."

"왜 저는 학교에 다녔을까요?"

"그야 선생님 아버지가 선생님을 학교에 보내실 형편이 되었으니까 그렇겠죠. 저희는 그럴 수 없었고요."

"여러분의 부모님은 왜 여러분을 학교에 못 보내셨나요?"

"저희처럼 일개 소작농이었기 때문이죠."

전 세계를 누비며 배움과 변화의 희망을 심다

"여러분이 소작농이라는 것은 무엇을 의미하지요?"

"교육을 못 받고, 재산도 없고, 아무 권리도 없이, 더 나은 날이 올 거라는 희망도 전혀 없이 땡볕에서 일하는 거죠."

"왜 소작농들에게는 그 모든 것들이 없는 건가요?"

"하느님의 뜻이겠지요."

"하느님이 누구지요?"

"우리 모두의 아버지시죠."

"여러분들 중 아버지인 사람 있습니까?"

거의 모두가 손을 들었어요. 파울루는 그들 중 한 명에게 물었어요.

"자녀가 몇인가요?"

"셋입니다."

"당신은 막내가 헤시피에서 공부하고 잘살 수 있도록 나머지 두 자녀를 희생시켜 온갖 고생을 시킬 수 있겠습니까? 그런 식의 사랑을 할 수 있습니까?"

"아니요!"

"당신이 그런 불의를 저지를 수 없는데, 어떻게 하느님이 그런 일을 할 거라고 생각할 수 있죠?"

그 후 이어진 침묵은 그전의 침묵과는 전혀 다른 것이었어요. 이제껏 깨닫지 못했던 생각들이 그들 안에서 꿈틀대기 시작하고 있음을 보여 주는 침묵이었지요. 마침내 누군가 대답했어요.

"아니요. 그 모든 일을 한 것은 하느님이 아닙니다. 농장주입니다!"

파울루는 농부들이 자신들의 질문에 자신의 생각과 말로 대답을 찾을 수 있길 바랐던 거예요. 스스로 생각하지 않는 한 다른 사람의 대답은 이해가 안 될 것이고, 이해가 간다 해도 곧 잊힐 테니까요. 불편하고 고통스럽다고 느끼는 상황을 '문제'라고 인식하지

우리 사회의 잣대로 다른 사회를 판단하는 것은 위험해요!

자의든 타의든 라틴아메리카의 많은 국가의 빈민들이 소극적인, 그리고 왜곡된 기독교적 믿음에 희생되고 있었어요. 또 그들이 겪고 있는 부당함이 사실은 사람 때문인 걸 알면서도 그것을 애써 외면하는 사람들도 있었을 거예요. 그저 '하늘의 뜻'이라는 한탄과 함께 변화를 위한 노력을 포기하는 거지요. 모든 것을 운명이나 숙명으로 돌리는 것은 언뜻 보면 겸허한 듯 보이지만, 달리 생각하면 편리한 자기방어적 태도일 수 있어요. 더 노력하고 더 용기를 내면 처한 현실을, 미래를 바꿀 수 있을 테니까요. 다만 그런 비난이 일리가 있음에도 불구하고 한국에서 태어난 우리가 조심해야 할 것은 칠레, 브라질, 그리고 라틴아메리카의 많은 다른 나라에서 그 '노력과 용기'는 쉽게 말할 수 있는 게 아니라는 거예요. 가난과 불평등이 그저 개인의 노력 여하의 문제가 아니라 노예 구조가 있던 시절부터 그것이 폐지되고 난 후에도 뿌리 깊게 이어져 내려온 사회 구조적인 문제이기 때문이지요.

전 세계를 누비며 배움과 변화의 희망을 심다

않는다면 어떻게 그 상황을 해결할 수 있을까요?

칠레 정부, 파울루를 주시하다

당시의 칠레는 브라질만큼이나 정치적으로 불안정한 상황이었어요. 파울루가 속한 기독민주당 내에서도 분파가 생기고 있었지요. 쉽게 말하면 기존의 기독민주당의 성향을 유지하는 현대 부르주아 세력을 대변하는 보수적인 우익 성향과 좀 더 급진적인 변화를 추구하는 좌익 성향으로 나뉘고 있었어요. 주로 젊은 당원들이 후자에 속했지요. 마침 파울루는 젊은 기독민주당원들과 좋은 관계를 유지하고 있었는데요. 그것이 빌미가 되어 파울루가 칠레에 온 지 4년이 되던 해에 소문이 돌기 시작했어요.

"파울루가 급진파의 멘토임이 틀림없다!"

하지만 그 소문은 터무니없는 것이었어요. 파울루에게는 한 가지 철칙이 있었거든요.

"나를 받아 준 나라에 대한 고마움과 겸손함을 갖는 것, 그리고 그 나라의 정치에 개입해서는 안 된다는 것. 그것이 내가 망명자로서 늘 가지고 있던 신념이었습니다."

파울루는 곧 소문이 사그라들 것이라 기대했지만 그럴 기미가 보이지 않았어요. 심지어 칠레에 올 수 있도록 도왔던 파울루 쌍뚜수도 그를 찾아와 당부했어요.

"파울루, 칠레 정부가 자네를 주시하고 있네. 현 정부의 전복 모의 주도 세력의 멘토가 자네라는 소문이 벌써 칠레 정부에까지 들어 왔단 말일세. 일단 절대 그런 일은 없다고 단호하게 말해 두었지만 조심 또 조심하게."

세계가 주목한 책, 《페다고지》

그때부터 그는 그가 칠레에서 생각하고 말해 왔던 것들을 본격적으로 글로 옮기기 시작했어요. 칠레 정부가 그가 말하지도 않은 것들로 그를 매도할 경우를 대비해서였어요. 그동안 그는 자기 생각을 글로 남기기보다는 주로 사람들을 만나 말하는 데 주력해 왔기 때문에 만약 문서로 된 증거가 없다면 얼마든지 그에게 혐의를 씌울 수 있을 테니까요.

1969년, 그의 대표작으로 꼽히는 《페다고지》 원고가 완성됐어요. 이어 그의 미국인 동료들이 영어로의 번역에 매달린 끝에 1970년 드디어 뉴욕에서 최초로 출판됐어요. 포르투갈어로 쓰여진 책임에도 불구하고 대중을 향해 억압의 굴레를 깨야 한다고 말하는 이 책의 출판을 브라질 군사 정부가 허가해 줄 리 없었어요. 그러는 동안 이 책은 세계 여러 나라에서 스페인어로, 그리고 나중에는 이탈리아어, 프랑스어 등의 언어로 출판됐어요. 한동안 브라질 사람들은 외국에서, 혹은 브라질에 비밀리에 유입된 외국어판을 읽어야 했어요. 1975년이 되어서야 《페다고지》는 본래의 언어, 포르투갈어로 출판될 수 있었답니다.

어떤 내용의 책이었길래 금서로 지정됐을까요? 이 책은 교육을 통한 인간의 해방을 성찰한 책이에요. 이 책이 전하는 메시지는 이러해요. 우리 사회에는 분명 억누르는 자와 억눌린 자가 존재하며, 그러한 관계는 그냥 끊어지는 게 아니라, 억눌린 자가 스스로 자기 인생과 세계에 주체적으로 참여할 필요성을 깨달을 때, 그리고 그것을 위해 치열하게 싸울 때 가능하다는 거지요. 그런 변화의 과정에서 꼭 필요한 것이 바로 '올바른 교육'이라고 말해요. 현실에 순응할 것을 가르치는 교육이 아니라 비판적으로 세계를 읽고, 자기 스스로가 옳다고 판단하는 방법으로 자신의 삶을 살아야 한다고 말해 주는 교육 말이에요. 그리고 그것을 할 수 있는 것은 억눌림을 경험하고 있는 사람들이라는 것을 강조해요.

완성된 원고의 첫 번째 독자는 에우자였어요. 책을 읽은 그녀는 웃으며 말했어요.

"파울루, 이 책 때문에 우리가 망명을 떠나게 되진 않을까 걱정되는데요!"

실제로 책이 출간되고 그 반향은 엄청났어요. 브라질을 대표하는 인류학자이자 교육자, 정치인으로 파울루의 절친한 친구이기도 한 다르시 히베이루는 《페다고지》를 마주했던 심경을 아주 솔직하게 이야기했어요.

"뉴욕의 한 서점에 들렀다가 파울루의 책이 산더미처럼 진열되어 있는 걸 보게 됐어요. 그에 비교해 제가 쓴 《O processo ciilizatório (문명화 과정)》은 그 옆에 아주 낮게 쌓여 있었죠. 아주 질투가 나서 혼났지 뭡니까."

파울루의 책은 열렬한 환호와 존경을 받고 세계적인 명성과 권위를 얻었지만, 다른 한쪽으로부터는 경계와 공격을 받았답니다. 이런 상반된 시각은 오늘날에도 존재해요. 이 책을 환영하는 이들은 무엇보다 숙명론을 벗어나 또 다른 세상은 가능하다는 것을 깨우치는 힘, 나 자신이 모습과 방향을 만드는 데 영향을 끼치는 지식을 만들어 내는 주체가 되어야 한다는 메시지를 극찬했어요.

한편으로는 급진적인 개혁의 필요성을 단호하게 외친 것 때문에 거센 비난을 받았지요. 그런 비난들의 요지는 파울루가 카를 마르크스로부터 지나치게 영향을 받았다는 것이었어요. '변화'의 필요성을 외치는 본질은 제쳐두고, 특정 이데올로기를 부추김으로써 체제를 무너뜨리려는 불순하고 위험한 분자로 간주했던 거예요. 제2차 세계대전 이후 세계는 각각 미국이 이끄는 자본주의 세력과 당시 소련이 이끄는 사회주의 세력으로 나뉘었고, 1990

전 세계를 누비며 배움과 변화의 희망을 심다

《페다고지》는 어떤 책인가요?

《페다고지》의 핵심은 '교육을 통한 인간의 해방'이라고 할 수 있어요. 파울루의 생각이 어렵게 느껴진다면 '인간', '교육', '해방'이라는 이 세 단어만 우선 기억해 보세요. 이 책은 그 외 파울루의 모든 활동의 집약체라고 할 수 있거든요.

대체 어떤 교육이 파울루가 외치는 해방, 즉 '자유롭게 하는' 교육일까요? 교육의 내용도 그렇지만 파울루가 더 시급하게 여긴 것은 학교라는 곳에서, 또는 그 외 다른 형태의 배움의 공간에서 가르침과 배움의 '방법'이 변해야 한다는 것이었어요. 그는 학생과 교사, 그리고 그들이 속한 세계와의 관계를 말하면서, 교사가 일방적으로 학생들에게 지식을 주입하고 의문이나 의견을 가질 여지를 주지 않는 교육 방식을 비판했어요. 파울루는 이를 '은행 저금식' 교육이라고 표현했죠. 그런 방법으로는 학생들로 하여금 스스로 생각할 수 있는 능력을 키울 수 없다는 거였어요.

대신 선생님과 학생이 단지 '~가 ~에게'나 '~를 위해서'가 아닌 '~와 함께'의 관계가 돼야 한다고 믿었지요. 이 말은 두 가지 의미가 있어요. 먼저는 선생님이 학생들을 일괄적으로 대하는 게 아니라, 그들 하나하나의 다른 성격, 배경, 배움의 속도 등을 알기 위해 서로 소통하고 이를 존중해야 한다는 의미가 되겠지요. 또 하나는 학생도 선생님으로부터 배우고, 선생님도 학생으로부터 배운다는 거예요. 물론 세상을 더 경험하고 식견이 풍부한, 그리고 무엇보다 학생들을 '지도'하는 선생님의 권위는 당연히 존중되어야 하죠. 하지만 그것이 '선생님의 의견을, 선생님이 가르치는 것을 맹목적으로 믿어야 한다'를 의미하는 건 아니죠.

예를 들어, 한 교실에서는 선생님이 학생들에게 '정해진 지식'을 떠먹여 주고, 학생은 그걸 의문 없이 그냥 받아들이고 있어요. 다른 교실에서는 학생 하나하나가 인격적인 존재로서 인식되고, 선생님은 학생들에게 생각할 거리를 던지고, 대화와 토론을 유도하고, 문제를 제기하고, 스스로 생각하고 결정할 수 있는 능력을 키우게끔 인도해 주고 있어요. 두 번째 교실 풍경이 너무 이상적이라고요? 글쎄요. 우리가 비판하면서도 당연한 듯 따르고 있는 현실은 누군가, 그리고 점점 더 많은 이들이 그런 이상을 목표로 삼으면서 '만들어진' 건 아닐까요? 처음부터 그랬고 늘 그래야 하는 당연한 것이 아니고 말예요. 현실에서의 적용 가능성이 아니라 우리가 진짜 원하는 교실 풍경은 무엇인지 스스로에게 한번 물어보세요.

전 세계를 누비며 배움과 변화의 희망을 심다

년 독일이 통일되기 전까지 팽팽한 긴장 관계가 지속되는, 이른바 냉전 시대가 이어졌는데요. 이 냉전 시대에 사회주의 사상의 근간이었던 마르크스 주의는 자본주의 세계에서는 금기시되었답니다. 실제로 당시 많은 사회주의 국가가 마르크스의 사상을 왜곡해서 사용하기도 했는데요. 보통 마르크스라고 하면 사람들은 '위험한 공산주의'만을 떠올리고 그 이상의 내용은 더 알려고도 하지 않았거든요.

그토록 많은 논란과 비난을 감수하면서 파울루가 그 책을 통해 전하고 싶었던 것은 무엇이었을까요? 그는 책의 서문을 마무리하며 그의 확고한 믿음과 소망을 전했어요.

"나는 이 책 전체를 통해 적어도 이런 것들이 확인되기를 바랍니다. 그것은 바로 인간에 대한 신뢰, 사람들에 대한 믿음, 그리고 보다 사랑하기 쉬운 세상을 창조할 수 있다는 확신입니다."

칠레에서는 내 발로 떠나고 싶어

시간이 지나도 소문은 사그라지지 않았고, 파울루가 기독민주당과 프레이 정권의 전복을 부추기는 책을 쓰고 있고, 칠레 출판사를 물색하고 있다는 말까지 떠돌게 됐어요. 물론 사실이 아니었지요. 머지않아 칠레마저 떠나야 할 상황이 올 수 있겠다는 생각이 들자 파울루는 칠레에서 함께한 벗들과의 이별을 준비하기 시작했어요. 그중에서도 직장 동료이자 친구로서 그와 가족에게 든든한 버팀목이 돼 준 촌촐에게 고마운 마음을 전하고 싶었어요. 파울루는 촌촐과 그의 아내 마리아 에디를 집에 초대했어요. 식사를 마치고 파울루는 촌촐에게 손수 헌사를 남긴 《페다고지》 원고를 내밀었어요. 함께 건넨 편지에는 이렇게 쓰여 있었지요.

"내 충실한 벗 촌촐, 자네가 이 책의 원고를 받아 줬으면 하네. 아무짝에도 쓸모없을 수 있지만 내가 간직한 인간에 대한 깊은 신뢰를 글로 구현하고자 노력했다네. 그저 내가 무척 존경하고 아끼는 벗을 기리는 의미로 간직해 주면 좋겠네."

모든 집필 작업을 오로지 펜과 종이에만 의지하던 파울루에게 있어 손으로 직접 쓴 하나뿐인 원본을 준다는 것은 촌촐이 그만큼 소중하다는 의미였어요. 촌촐과 그 아내는 파울루와 가족이 칠레에 있는 내내 직장 동료 관계를 넘어 서로를 소중한 벗으로 대하며 교류했거든요. 한편 그 책을 촌촐에게 준다는 것은 그를 그만큼 신뢰한다는 의미기도 했지요. 칠레 정부가 그의 일거수일투족을 주시하고 있는 만큼 《페다고지》 원고를 가지고 있다 언제 검열을 당할지 모르는 일이었으니까요.

어느 날, 에우자와 파울루는 앞으로 어떻게 해야 할지 이야기를 나누고 있었어요.

전 세계를 누비며 배움과 변화의 희망을 심다

"여보, 나는 칠레에서만큼은 추방 명령을 받거나 떠나라는 권고를 받고 싶지 않소. 생각해 봐요. 우리가 칠레라는 나라에 빚진 게 얼마나 많소. 우리는 또 얼마나 칠레를 좋아하는가 말이오."

그토록 특별한 칠레로부터 직접적으로든 우회적으로든 떠나라는 말을 듣는 것은 생각만 해도 고통스러운 일이었어요. 게다가 이미 조국에서 내몰린 처지에 망명 국가에서 또다시 쫓겨난다는 것은 앞으로의 여정에 많은 어려움을 초래할 수도 있었어요.

"그래요. 내 마음도 같아요, 파울루. 쉽진 않겠지만 아마 여기 오래 있지는 못하겠지요."

"고맙소, 에우자. 4년 반 동안 우린 이미 칠레에서 많은 것을 받았고, 소중한 지식과 경험을 쌓았소. 이제 다른 사회를 경험하고 그 사회의 문제들에 대해서도 고민할 때가 온 것 같소. 마침 미국과 스위스에서 초청도 왔으니 우리 긍정적으로 생각해 봅시다."

결국 파울루는 1969년 4월 그와 가족을 품어 준 칠레를 떠났어요. 칠레의 농민이 처한 현실을 경험하고, 칠레와 브라질의 지식인들과 열띤 토론을 벌이며, 브라질을 객관적으로 바라보고 라틴아메리카라를 보다 큰 맥락을 이해할 수 있게 해 준 칠레는 파울루에게 있어 '학문의 조국'이기도 했어요. 그만큼 칠레와의 이별은 쓰라린 것이었지만 그는 가슴 한편에 희망을 품은 채 굳게 마음먹었지요.

'나는 아무 의지 없이 그저 상황에 떠밀려 떠나는 게 아니야. 그것이 무엇이든 내 앞에 펼쳐질 도전에 응하겠어.'

전 세계를 누비며 배움과 변화의 희망을 심다

다시 찾은 집에서
자유의 날개를 달다

파울루는 스위스의 세계교회협의회에서 일하면서

그 어느 때보다도 자유롭다고 느꼈고, 그 경험이야말로

그의 사고의 밑바탕이 되었어요. 그 같은 자유는 그의 사고를 보다

통찰력 있고 탁월하게 발전시키는 원동력이 되었지요.

스위스 망명 당시의 칠레인 동료 안또니오 파운데스,
《Por uma pedagogia da pergunta(질문의 교육학을 통하여)》에서

《페다고지》는 파울루를 칠레에서 떠나게 했지만, 대신 다른 여러 나라들
로의 문을 열어 주었어요. 미국과 스위스는 파울루와 가족에게 안정적인
새 주소와 연구 환경을 제공해 주었어요. 억눌린 자들, 억눌린 국가들을
위한 이론과 실천을 펴 나갔던 파울루에게 자유와 합당한 권위를 부여해
준 나라가 그 반대인 미국과 스위스였다는 게 아이러니하지 않나요? 파울
루의 삶에서 미국, 특히 10년이나 머문 스위스는 어떤 의미가 있을까요?

미국이냐, 스위스냐

칠레를 떠나 향한 곳은 미국이었어요. 파울루는 칠레에서 머물고 있던 1967년, 초청을 받아 미국을 방문한 적이 있었는데요. 과거 헤시피에 있을 때 문맹 퇴치 프로젝트 '앙지꾸스, 40일, 40시간의 기적'에 관한 기사가 〈뉴욕 타임스〉 지면을 장식하면서 파울루는 미국에서도 꽤 알려진 인물이 됐어요. 특히 학계와 주로 노동자들, 소외 계층을 대상으로 하는 성인 교육 전문가 및 기관들은 그 후 꾸준히 파울루에게 관심을 갖고 그를 초청했어요. 하버드, 퍼듀, 뉴욕, 프린스턴, 콜롬비아와 같은 대학들이 주를 이뤘죠.

미국은 매력적인 나라였지만 더 긴 기간 동안 미국에 머물며 정식으로 일해 보겠다는 생각은 전혀 하지 않았어요. 실제로 얼마 후 하버드 대학에서 방문 교수 제의를 받았을 때 그는 그 제의를 터무니없는 것으로 여겼어요. 바로 미국이 '제국주의의 온상'이었기 때문이에요. 하지만 에우자의 말에 한 대 얻어맞은 기분이었어요.

"파울루, 설마 미국의 모든 국민이 제국주의자라고 생각하는 건 아니겠죠? 당신답지 않게 파벌주의자라도 된 거예요? 아무리 작아도 분명 미국 어딘가에 존재하는, 제국주의자가 아닌 쪽에 우리의 몇 년을 걸어 보는 건 어때요?"

파울루는 할 말을 잃었죠.

'아, 나도 모르게 편 가르기를 하고 미국 전체를 불의한 사회로 매도해 버리고 말았구나. 그래, 설사 미국이 그렇다 해도 그런 환경에서 직면해야 할 어려움도 피할 수는 없어. 결국 세계 어디에나 억눌린 자들은 있으니까.'

결국 파울루는 하버드 대학의 초청을 받아들이기로 했어요. 그런데 문제가 하나 있었어요. 비슷한 시기에 스위스 세계교회협의회에서 온 제안도 매력적으로 다가왔거든요. 그런데 두 곳에서 제안한 시기는 단 몇 개월 차로 겹쳐 있었어요. 그리고 하버드가 제안한 기간은 2년이었지요. 파울루는 장기적으로는 세계교회협의회에서 일하고 싶었어요. 1948년 제네바를 본부로 설립된 세계교회협의회는 교리와 관련된 것 말고도 세계와 인류가 겪고 있는 어려움을 해결하기 위한 활동도 적극적으로 하고 있었어요. 세계 여러 곳의 열악한 교육 및 보건 실태도 그중 하나였고요. 자신의 경험을 활용할 수 있다는 것 말고도 전 세계를 누비며 배울 수 있다는 점이 파울루의 마음을 빼앗았어요.

하지만 일단 미국을 경험하고 싶다는 생각이 들자 그것을 언제 올지 모를 다음 기회로 미루고 싶지 않았어요. 그래서 고심 끝에 하버드 대학에 다음과 같이 요청하는 편지를 썼죠.

"초청해 주셔서 정말 감사합니다. 하지만 2년은 어려울 것 같습니다. 양해해 주신다면 1969년까지 약 1년간만 하버드에서 함께

하고 싶습니다."

그리고 스위스에는 이렇게 요청했어요.

"1970년에 여러분과 함께 새 일을 시작했으면 합니다."

결과는 어땠을까요? 네, 다행히 두 곳에서 보내온 대답은 모두 긍정적이었어요.

미국을 경험하다

파울루와 가족은 케임브리지에 살게 되었어요. 미국에서의 여정은 하버드 대학교의 '사회발전과 변혁연구센터'에서의 교수 역할을 중심으로 흘렀어요. 파울루는 그곳에서 미국 내 소외 계층을 비롯해 세계의 소외된 지역들을 대상으로 한 문해 교육 방법과 목표, 비판적 세계 읽기의 필요성에 대해 학생들과 또 동료 교수들과 나누고, 연구와 집필 활동을 계속했어요.

파울루가 하버드 대학에 방문 교수로 와 있다는 소식이 이내 미국의 다른 대학들에도 퍼졌어요. 덕분에 주말이면 케임브리지를 벗어나 이웃 도시들에 위치한 대학들에서 초청 강연이나 세미나를 가지는 것이 그의 일상 중 하나가 되었지요. 여기서도 역시 비슷한 주제를 다루었지만 대학에 몸담은 이들 말고도 여러 교육 현장에 있는 교사들과 학생들을 포함해 더 폭넓은 대중과 함께할 수

우리가 쉽게 찾아볼 수 있는 사진 속 그는 대부분 곱슬곱슬한 수염이 수북한 모습이에요.
사실 파울루는 미국에 오기 전까지는 수염을 기르지 않았답니다.
미국의 추운 날씨를 견디기 위해 수염을 기르기 시작한 것이
이후 평생 그의 트레이드마크가 됐다고 해요.

있었어요.

그런 가운데 파울루의 다른 책들이 출간되었어요. 1970년 《페다고지》가 드디어 영어로 번역되었고, 이어 《Ação Cultural para a Liberdade (자유를 위한 문화 행위)》 초판이 하버드교육논평에 의해 발행됐어요.

스위스에서 찾은 10년간의 안정

스위스는 파울루의 망명 여정에서 가장 긴 시간 동안 머문 곳이에요. 그는 1년 전 세계교회협의회와의 약속대로 1970년 2월 제네바에 오기 위해 가족과 함께 대서양을 건넜어요.

스위스에서도 여러 일을 맡았지만, 무엇보다 파울루와 가족에게 큰 안정을 준 스위스와의 연결 고리는 세계교회협의회였어요. 협의회는 파울루를 전적으로 신뢰하며 그에게 교육 부서의 주요 자문관직을 맡겼어요.

"박사님의 경험을 살려 제3세계에 가장 필요한 교육 지원을 할 수 있도록 힘써 주십시오."

레만 호숫가의 풍경, 비서가 딸린 집무실, 협의회 도서관……연구에는 더할 나위 없이 좋은 환경까지 주어졌어요. 또한 연구에 몰두할 수 있는 충분한 시간과 물질도 아낌없이 지원받았어요.

전 세계를 누비며 배움과 변화의 희망을 심다

하지만 무엇보다도 그 일이 파울루를 사로잡은 매력은 그의 도움을 필요로 하는 세계 곳곳의 현장으로 갈 수 있다는 점이었죠. 실제로 그의 업무는 유럽과 아메리카는 물론 아프리카, 오세아니아, 아시아 대륙의 여러 나라로 쉴 새 없이 향하게 했어요. 미국에서 3년간 더 일해 주기를 제안했을 때 스위스를 택한 가장 큰 이유가 바로 그것이었어요.

"학교에서 책을 읽거나 쓰기만 하고 실제로 그걸 전혀 써 볼 수 없는 삶을 산다는 건 상상할 수 없는 일이오. 교수라는 타이틀이요? 내 관심은 타이틀이 아니라 일할 수 있다는 가능성이었소."

그런데 재미있게도 그는 스위스에 와서도 교수의 신분을 이어가게 돼요. 도착 후 얼마 안 돼 제네바 대학 교육대의 초빙을 받게 됐거든요. 하지만 협의회에서의 활동과 병행한 교수직은 스위스의 대학 문화를 알고 연구의 지평을 넓히는 데 많은 도움이 됐어요.

파울루는 늘 바빴지만 스위스에서는 특히 전 세계에서 온 편지에 답하고 방문 요청에 응하느라 그 어느 때보다 시간을 쪼개 살았어요. 주로 그의 교육 사상과 프로젝트에 관해 묻고, 자기 나라의 교육 현실과 문제들에 대해 자문을 구하는 내용이었죠. 파울루는 그 기간 동안 마치 날개를 단 듯한 자유를 느꼈다고 해요. 1979년 〈뗌뿌 이 쁘레젱사〉와의 인터뷰에서는 이렇게 말하기까지 했지요.

"내 평생 그곳에서 일했던 시기만큼 자유롭다고 느꼈던 적은 없소."

이렇게 스위스는 파울루가 그의 지식과 경험을 나누고 적용하기 위해, 또 새로운 현실을 배우기 위해 여러 나라로 떠날 때마다 언제든 돌아올 수 있는 집이 되어 주었어요.

전 세계를 누비며 배움과 변화의 희망을 심다

이제 아프리카로
가 볼까?

세계교회협의회에서 일하던 때에 대해서 프레이리는

'길을 밟아 갔다'라는 표현을 즐겨 썼다.

그는 아프리카, 아시아, 오스트레일리아, 아메리카를 두루 돌아다녔다.

하지만 안타깝게도 브라질만은 갈 수 없었다.

특히 정치적 독립을 쟁취한 나라들이 교육 제도를 정비하는 사업을

성의 있게 지원했다. 카보베르데, 앙골라, 기니비사우에서 교육 계획을

체계화시킨 덕분에 프레이리는 상당한 명성을 얻었다.

아내 아나 마리아 프레이리와 도나우두 마쎄두,
《The Paulo Freire Reader(파울루 프레이리 읽기)》에서

스위스는 파울루에게 세계로 뻗어 나갈 수 있는 날개를 달아 주었어요. 그리고 그는 그 소중한 기회를 결코 소홀히 하지 않았어요. 이 시기 점점 더 많은 나라에서 파울루의 문해 교육을 비롯한 학문과 실천에 관심을 두었고, 협력을 요청해 왔어요. 교육자들을 대상으로 한 세미나에서부터 한 나라의 문맹 퇴치 프로그램까지, 정말 열정적으로 온 대륙을 누비며 일했답니다. 특히 아프리카라는 새로운 맥락에서 탄자니아와 기니비사우의 국가 주도 문맹 퇴치 프로젝트에 참여한 것은 파울루에게 커다란 도전이었어요.

이전 것은 잊어버리고

1971년 파울루는 당시 제네바에 은신해 있던 다른 브라질 망명자 세 명과 함께 '문화행동연구소'인 IDAC Instituto de Ação Cultural를 창립했어요. 그들이 현실과 구체적 실체에 바탕을 둔 사유의 지속 가능성을 부단히 추구한 결과 탄생한 IDAC는 주로 독립을 위해 싸우던 제3세계 국가들에게 교육과 관련한 지원을 제공하는 것을 목표로 했어요. 활동을 시작한 지 얼마 되지 않아 협회는 유명해지기 시작했고, 전 세계에서 강의 및 세미나를 비롯해 다양한 형태의 요청이 쇄도했어요.

특히 세계교회협의회에서 활동하면서부터 탄자니아를 시작으로 맺어진 아프리카와의 만남은 IDAC 설립과 함께 더욱 확대됐어요. 과거 포르투갈의 식민지였던 카보베르데 Cabo verde, 앙골라 Angola, 상투메프린시페 Sao Tome and Principe, 기니비사우 Guiné Bissau를 포함해 아프리카 여러 나라의 문해 교육 프로그램에 참여했답니다.

"우리가 특히 노력한 것은 지금까지 우리가 다른 국가, 지역들에서 개발하고 적용했던 방식을 완전히 잊어버리는 것이었습니다."

그때까지 파울루가 자신의 문해 교육 이론을 실제 적용한 경험은 라틴아메리카를 벗어나지 못했어요. 같은 라틴아메리카, 그것도 남아메리카에 속하는 브라질과 칠레도 그 환경이 다른데, 아프리카는 어떻겠어요?

라틴아메리카의 많은 나라가 19세기 초에 포르투갈과 스페인으로부터 독립했지만, 아프리카 국가들은 그보다 한 세기 이상 늦은 1950~1970년대에 독립하게 돼요. 독립 직후에는 극심한 가난 해소는 물론 강력한 국가 건설이라는 과제가 기다리고 있었어요. 하지만 한 국가 안에 존재하는 이질적인 요소들 때문에 통합은 영영 못 이룰 것 같은 숙제처럼 보였지요. 인구 구성을 살펴보면, 인위적으로 정해진 '국가' 경계 내에는 규모와 세력에 있어 어느 한쪽이 압도적으로 우세하다고 할 수 없는 여러 부족이 살고 있었어요. 그러니 사용하는 언어도 제각각이었겠죠? 어느 나라의 지배를 받았느냐에 따라 공식 언어가 영어나 포르투갈어, 스페인어, 프랑스어 등으로 정해져 있었지만, 수도를 제외한 다른 지역에서는 인구의 대부분이 부족어나 크리올어(토착어와 식민종주국 언어의 혼합어)를 실생활에서 사용하고 있었어요.

사회·경제·정치적으로 총체적인 난관에 빠져 있던 아프리카 국가들은 그 모든 문제들을 해결하기 위한 방법은 '교육'밖에 없다고 믿었어요. 파울루와 동료들은 바로 그런 상황에 있는 국가들에 강한 동지애를 느꼈고, 그의 이론과 실천을 통해 이들이 진정한 의미의 독립을 이루는 데 도움을 주고 싶었어요. 하지만 앞서 말했듯이 그 도움은 철저히 그들이 거쳐 온 역사와 현재의 상황, 그들의 목표를 철저히 존중하면서 전해져야 했기에 파울루에게는 한 나라, 한 나라에서의 과제가 늘 새로운 배움과 반성의 기회였답니다.

큰 성공을 거둔 탄자니아 문해 교육 캠페인

"오, 드디어 아프리카에 갈 수 있겠구나!"

탄자니아의 줄리어스 니에레레 대통령이 세계교회협의회를 통해 파울루를 초청했어요. 1971년의 일이었어요. 니에레레 대통령은 과거 기독교계인 영국의 에든버러 대학교에서 석사 학위를 딴 후 아프리카로 돌아와 독립운동을 이끌다가 이후 1961년 독립 달성 후 초대 대통령이 된 인물이에요. 니에레레는 사회주의 이념에 입각한 국가 재건 계획을 세웠고, 국민의 자주의식 결여 등 사회 전체에 뿌리 깊게 자리 잡은 식민 통치의 잔재를 없애기 위해 애썼어요. 그리고 그 과정을 성공적으로 이끌기 위한 열쇠는 바로 '교육'에 있다고 믿었답니다. 마치 그 자신이 공부를 하면서 독립의 필요성을 깨닫고, 고국으로 돌아와 행동할 수 있는 힘을 얻게 된 것처럼 말이지요.

파울루는 외국인 신분의 자문으로서, 그러면서도 탄자니아가 겪은 과거의 아픔과 현재의 절실함, 그리고 더 나은 미래에 대한

전 세계를 누비며 배움과 변화의 희망을 심다

강한 열망을 품고 정부 주도의 문해 교육 프로그램에 열정적으로 참여했어요.

결과는 매우 성공적이었어요. 파울루가 합류하고 5년여의 세월이 지난 1975~1976년, 정부는 탄자니아 인구의 기능적 문해율이 75~80%라고 발표했어요. 한국과 비교하면 이 수치가 별로 대단해 보이지 않을 수도 있어요. 하지만 문해 교육 프로그램이 시작된 1966~1967년의 조사에서 당시 인구 1700만 명 중 글을 읽고 쓸 줄 아는 사람의 비율이 25~30%에 지나지 않았던 걸 생각하면 대단한 발전이었어요. 그러니 정부도, 파울루와 동료들도 어찌 감격하지 않을 수 있었겠어요.

기니비사우의 초청을 받다

IDAC의 인지도가 높아지면서 지원 요청이 쇄도했지만 대부분 세미나, 강의 같은 학술적인 성격의 것들이었어요. 파울루와 동료들은 IDAC의 정체성과 사명에 대해 고민하기 시작했어요.

"우리의 일이 말과 글로 지식을 전수하는 것에만 그칠까 봐 걱정이에요. 처음 이 일을 시작한 취지를 다시 되새겨 볼 필요가 있어요."

그러던 차에 아프리카 북서부 대서양 연안에 있는 기니비사우에서 한 통의 편지를 받게 됐어요.

'우리 나라의 문맹 퇴치를 위한 국가 프로그램 개발에 함께해 주세요.'

당시 기니비사우는 1973년 반포르투갈 독립운동 단체인 PAIGC, 즉 기니카보베르데 독립아프리카당의 지도자 아밀까르 까브라우가 암살된 후 그의 이복동생인 루이스 까브라우가 이끌고 있었어요. 1974년 포르투갈에서 군사 쿠데타로 신국가 체제가 무너지면서 마침내 기니비사우는 독립하게 됐고, 루이스 까브라우는 초대 대통령에 취임해 사회주의 국가 건설을 추진하고 있었어요. 하지만 독립 이후 PAIGC 내부에서는 곧 기니비사우인과 카보베르데인과의 권력 투쟁이 일기 시작했어요.

편지는 그런 와중에 교육부 장관이었던 마리우 까브라우가 보낸 것이었어요. 파울루와 팀원들은 흥분했어요. 세미나 요청이 아니었어요!

문맹 퇴치 프로젝트에 착수하다

그 후 몇 달에 걸쳐 의견을 교환하는 편지들이 오갔어요. 같은 해 파울루는 IDAC, 세계교회협의회의 구성원들과 함께 기니비사우에 도착해 현지 정부가 구성한 팀에 합류해 프로젝트 입안에 착

전 세계를 누비며 배움과 변화의 희망을 심다

수했어요. 기니비사우 혁명 정부의 목표는 식민의 잔재를 완전히 벗고 새 국가를 건설하는 것이었고, 이를 위해 교육 제도의 철저한 재편이 필요하다는 강한 의지를 갖고 있었어요. 청장년층을 중심으로 하기는 했지만 모든 연령층, 모든 교육 과정이 새로운 교육 대상이었어요. 진지한 준비 과정 끝에 이듬해에는 본격적으로 기니비사우 정부가 이끄는 문해 교육 계획이 시작됐어요.

파울루는 준비 과정부터 자신의 팀은 물론 기니비사우 정부의 교육위원회와 성인 문해 교육위원회를 비롯한 현지 교육자들과 학습자들에게 늘 당부한 게 있는데요.

"교육자의 입장에 계신 여러분, 그저 객관적이고 냉정한 교육자가 되지 마십시오. 학생이신 여러분, 자신을 그저 가르침을 기계적으로 받아들이는 수동적 존재로 여기시면 안 됩니다. 우리 모두가 서로를 가르치고 상대로부터 배운다는 것을 꼭 기억하십시오."

무려 5년간에 걸쳐 캠페인은 이루어졌어요. 첫 캠페인은 수도 비사우의 여러 마을에서 문화서클을 조직해 200명 이상의 교사를 투입하면서 시작됐고, 이어 파울루의 방법을 응용한 문해 교육 훈련이 비사우뿐 아니라 농촌 지역에서 채택됐어요. 동시에 기존 학교들에서도 문해 교육이 시행되었어요. 가장 먼저 한 일은 학생들과 함께 당시 그들과 국가가 위치한 '세계 읽기'를 하는 것이었어요. 이를 위해 직장이나 학교, 집, 그 외의 영역에서의 일상에 대해 함께 이야기 나눴고, 이는 그들이 공통으로 겪고 있는 어려움, 그 원인에 대한 열띤 토론으로 이어졌지요.

포르투갈은 기니비사우의 철저한 '비非아프리카화' 정책과 교육을 실시했어요. 아프리카의 전통 신앙, 자연관, 문화, 언어, 생활 방식은 짓밟아 버리고 유럽의 '문명'을 그 자리에 이식한 거예요. 이로 인해 독립 직후에도 기니비사우인들은 심각한 열등감에 젖어 있었어요. 그래서 교육부 장관 마리우 까브라우는 기니비사우의 혁명 정부가 이뤄야 할 과업을 이렇게 표현했어요.

"우리에게 필요한 것은 '정신의 재再아프리카화'입니다."

그랬기 때문에 기니비사우에서의 문해 교육은 아프리카의 전통적인 세계관과 생활 방식을 학교에서도 구현하려고 했어요. 대표적인 것이 '노동' 시간을 학교 수업에 넣은 것이었어요.

"생산 활동을 학교 수업의 일부로 정한 것은 바로 노동이 학생들의 공부에 원천이 되게 하기 위해서입니다."

늘 자연 속에서, 자연과 함께 살아가던 기니비사우, 아프리카 사람들에게 일과 공부를 분리한다는 것은 억지스러운 것이었거든요. 그런 교육을 유럽이 식민지에서 해 왔던 거고요.

전 세계를 누비며 배움과 변화의 희망을 심다

탐탁지 않은 결과, 무엇이 문제였을까?

기니비사우와 파울루 팀의 5년간의 협력이 끝나고 얼마 안 되어 그들은 벌써 내부는 물론 세계 전문가들의 비판에 직면해야 했어요. 많은 이들의 노력에도 불구하고 1980년 기니비사우 내 각종 보고서는 파울루가 참여한 문맹 퇴치 프로그램이 그 목표 달성에 실패했다고 결론지었어요. 당시 훈련에 참여한 2만 6000명의 학생들 중 실질적으로는 단 한 명도 기능적 문해 수준에 이르지 못했다고 판단한 거지요. 즉, 일상에서 정상적인 사회생활을 하는 데 필요한 만큼의 읽고 쓰기가 여전히 안 되고 있었다는 말이에요.

많은 이들이 파울루가 지나치게 이상주의적이었다고 지적하기도 해요. 그의 이론과 방법이 마치 전 세계에서 통할 것처럼 자만했다는 거지요. 하지만 파울루는 그러지 않기 위해 늘 의식하고 노력해 왔어요.

파울루가 볼 때 가장 큰 문제는 '언어'였어요. 그는 이미 대통령, 자문 위원들과 수차례 가졌던 회의에서 문해 교육을 포르투갈어로 실시하는 것은 무의미할 뿐 아니라 실효성이 없을 거라고 분명히 피력했어요. 인구의 상당수가 포르투갈어를 구사하는 비사우를 포함한 도시 지역에서는 효과가 있겠지만, 정작 그러한 프로그램이 필요한 농촌 지역에서는 그런 효과를 기대할 수 없었던 거예요. 그들은 각자 자기 부족 언어나 크리올어를 사용하기 때문이지요. 그들에게 포르투갈어로 문해 교육을 한다면 이미 성인인 그들은 사실상 외국어로 공부하는 것처럼 골치가 아플 테지요. 게다가 파울루의 문해 교육의 핵심과 궁극적인 목표는 단순히 글을 읽는 게 아니라 세계를 읽는 것이잖아요. 그 과정에서 학생들은 활발하게 대화와 토론에 참여하고 사고해야 하는데 외국어로, 그것도 지배자의 언어로 한다는 건 모순이 아닐까요? 파울루는 당시 교육부 장관이었던 마리우 까브라우에게 보내는 편지에서 기니비사우에서의 문해 교육을 왜 포르투갈어로 하면 안 되는지 안타까운 어조로 말했어요.

"저는 여기 학습자들이 포르투갈어로 쓴 글을 볼 기회가 있었습니다. 그런데 그 글의 의미가 전혀 달랐어요. 학습자들이 만칸하 말로 생각했기 때문입니다. 왜 그랬을까요? 포르투갈어는 그 사람들의 삶과 아무런 관련이 없었기 때문입니다. 그들의 일상 경험 속에서 포르투갈어가 필요했던 순간은 단 한 번도 없었으니까요."

그 외 기니비사우의 열악한 물질적 조건, 국가 재건 과정이 처한 모순적인 정치 상황은 문맹 퇴치 캠페인이 여러 차례 장벽에 부딪힌 요인들이었어요. 거기에 대해 설사 파울루가 좋은 의견을 가졌던들 다른 나라의 정책과 정치에 왈가왈부하는 것은 그의 역할이 아니라고 믿었어요. 그리고 파울루가 가장 강력하게 주장했

기니비사우 교육부 주도 문해 프로젝트에서 담당자와 함께

파울로가 기니비사우에서의
문맹 퇴치 프로젝트
경험을 기록한 책

던 언어 선택에서조차 그는 신조를 지켰어요. 기니비사우의 지도부가 결국 캠페인의 언어를 포르투갈어로 결정했을 때 그는 그 결정을 존중할 수밖에 없었던 거지요.

파울루는 기니비사우에서의 길고도 복잡한 여정에 대해 다음과 같이 말했어요.

"이곳에서의 문맹 퇴치 캠페인은 실패라고 할 수 있을지언정, 그것이 제 문해 교육 방법의 실패를 의미하지는 않습니다. 일차적인 문제는 해당 지역에서의 언어 선택 문제이며, 저의 방법은 이차적인 것이니까요. 언어 문제가 해결되지 않는다면 그 어떤 방법을 적용해도 실패할 것이 분명합니다."

전 세계를 누비며 배움과 변화의 희망을 심다

세계를 바꾸려면 꿈을 가져야지

세계에 단순히 적응하려는 사람이면 몰라도
세계를 바꾸려는 사람은 꿈을 가져야 한다.

파울루 프레이리, 《희망의 교육학》에서

파울루가 세상을 돌아다니며 그의 이론과 지식을 적극적으로 나누고 실천할 수 있었다는 것은 그만큼 세상에 인간의 착취와 폭력이 많이, 뿌리 깊게 남아 있다는 말이기도 해요. 한편으로는 그럼에도 불구하고 파울루에게는 늘 더 나은 세상을 향한 꿈, 또 그것이 가능하다는 희망이 있었음을 뜻하기도 하지요. 세상의 불의와 모순을 직면하는 것은 언제나 쓰라린 경험이었지만, 그에게는 변화는 가능하다는 꿈이 있었고 그 꿈을 온 세상 사람들과 함께 꾸고 싶었어요.

파울루 프레이리, 삶을 바꿔야 진짜 교육이야

꿈, 그 무엇보다도 현실적인……

파울루는 자신이 겪은 역경과 자신이 발 딛고 있는 세계의 못난 얼굴에도 불구하고 '다른 세상은 가능하다'는 꿈이 있었어요. 그가 무엇보다 진지하게 우려하고 평생 바꾸려고 노력한 것은 역사·사회 구조적으로 약자들의 '꿈 없는', '희망 없는' 상태가 '프로그램화'되는 것이었어요. 실제로 라틴아메리카와 아프리카를 비롯한 제3세계의 많은 사람이 시도조차 해 보지 않고 '해 봤자 소용없다'라고 말하는 단계에 있었어요. 속박과 착취, 폭력을 일상적으로 경험하면서도 놀랍게도 그것이 누구의 잘못인지 알지 못했고, 어떻게 그 굴레를 벗어나야 할지는 더욱 알지 못했으며, 그걸 벗어나 추구해야 할 더 나은 삶이 무엇인지 상상할 밑천이 없었던 거예요.

파울루에게 그것은 결코 어쩔 수 없다고 내버려 둘 수 있는 것이 아니었어요. 희망 없는 삶은 마치 속이 텅 빈 것처럼 존재의 의미가 없는 삶이니까요.

'내가 이들의 손에 자유를 쥐여 주고, 집과 돈을 주거나 꿈과 희망을 마음속에 심어 줄 수는 없어. 하지만 적어도 이들이 그런 것들을 상상할 수 있도록, 자신의 인생을 스스로 이끌어 나가도록 도울 수는 있어."

전 세계를 누비며 배움과 변화의 희망을 심다

그것이야말로 자신의 사명이라 믿고 실천했지요. 파울루는 자주 이렇게 말하곤 했어요.

"역사는 꿈과 희망을 가진 자들이 만들어 갑니다."

어떤 사람들은 그를 보고 꿈쟁이라고 비아냥거리기도 했지요. 그는 부정하지 않았어요.

"그래요, 저는 꿈쟁입니다. 하지만 미친 꿈쟁이는 아니지요. 어떤 사람들은 저를 이상주의에 젖은 꿈쟁이, 위험한 이상주의자라 말하기도 합니다. 하지만 저는 그렇게 생각하지 않습니다. 희망은 삶의, 우리 인간 본성의 중요한 부분이지요."

칠레에 있는 동안 파울루의 문해 교육 프로젝트 팀원이었던 이사벨 에르난데스는 파울루가 세상을 뜨기 1년 전에 출간된 《Paulo Freire: uma biobibliografia(파울루 프레이리: 그의 삶과 저작)》에서 다음과 같이 고백했어요.

"파울루 프레이리, 위대한 스승들이 그렇듯 겸손했던 당신은 가장 혹독한 패배 한가운데에서도 우리 속에 희망을 만들어 낼 줄 아는 분이었어요. (……) 우리 세대는 당신 덕분에 비로소 꿈꾸는 법을 배웠습니다."

'희망'은 필요조건이지만 충분조건은 아니야

"그럼 꿈과 희망만 있으면 되는 건가요?"

그렇게 물을 수도 있겠지요. 물론 아니에요. 분명 꿈이 없던 때와 비교하면 훨씬 더 생명력 있고, 외부의 충격에도 강한 존재가 되겠지요. 단지 '존재'하는 데 그치지 않고 '살아'가야 할 이유가 생겼으니까요. 하지만 파울루는 희망이 모든 문제를 해결하기 위한 전부가 아니라는 걸 잘 알았어요. 그는 '희망'이나 '꿈'이라는 말을 한낱 스스로를, 또 다른 사람을 속이기 위한 달콤한 말로 쓴 게 아니에요. '희망이 충분조건이 아니라 필요조건'이라는 파울루의 말은 그런 의미지요.

그렇다면 또 뭐가 필요할까요? 바로 '실천'이에요. 파울루는 그것을 이렇게 표현했어요.

"희망이 역사적 실체가 되기 위해서는 실천이 필요합니다."

내 안의 희망은 잠자고 있는 나를 깨어나게 하고 변화의 의지를 심어 주는, 그 어떤 것보다 강력하고 분명하게 느낄 수 있는 힘이지만, 아직은 내면에 머물러 있는 보이지 않는 힘이에요. 실제 그것이 내 삶, 내가 속한 사회에서 눈에 보이고, 감지할 수 있는 변화를 일으키기 위해서는 우리의 온몸으로 움직여야겠지요. 그리고 파울루는 이렇게 말했어요.

전 세계를 누비며 배움과 변화의 희망을 심다

"이 세상에 태어나는 사람에게 주어진 가장 중대한 과제는 무언가를 창조하는 것입니다."

창조, 없던 것을 있게 하는 것, 혹은 보이지 않던 것을 보이게 하는 것, 그것이 물질이든 생각이든 세상과 인류에 필요한 그 무엇인가를 우리 한 사람 한 사람이 만들어 내야 한다고 믿었어요. 이 같은 강력한 당위, 즉 '그것은 반드시 네가 해야 할 일이야'라는 말은 때때로 그저 '넌 할 수 있어'라는 위로보다 한층 더 강력한 확신과 희망을 심어 주지요.

그런 이유로 파울루는 교육자로서 세상의 억눌리고 소외된 자들과 만날 때에도 단순히 "사람이라면 꿈이 있어야지요. 희망을 가지세요. 의지의 문제입니다."라는 식의 추상적인 말로 다가가지 않았어요. 그들이 처한 현실 속으로 들어가 철저히 그 현실을 파악하고 바로 그들이 선 땅 위에서도 희망을 품을 수 있다는 것을 그들 스스로 깨닫게 해야 하니까요. 그의 표현대로 '어떤 장애가 있더라도 진지하고 정확한 정치적 분석을 통해서 희망을 위한 기회를 드러내는 것', 그것이야말로 암흑과 같은 현실 속에서 근거 있는 희망을 찾을 수 있는 길인 거죠. 훗날 1992년 출판된 파울루의 책 《희망의 교육학》을 비롯해 그가 남겼던 글과 말을 통해, 사람들이 꿈과 실천의 지극히 단순한 관계에 대해 정확히 이해하기를 그가 얼마나 바랐는지 짐작할 수 있어요.

"미래는 우리가 만들고 생산해야 하는 것입니다. 반드시 물질적 토대와 구체적 현실에서 출발해, 나아가 우리가 싸워 얻고자 하는 프로젝트나 꿈을 품고 만들어야 하는 것입니다."

정말 자유를 누릴 준비가 됐나요?

꿈을 가지는 것, 희망을 가지는 것에 선행하는 것은 '자유', 혹은 자신이 '자유로운 존재'라는 인식이에요. '자유'의 사전적 의미는 '외부의 구속이나 기존 틀에 얽매이지 않고 자기 뜻대로 할 수 있는 상태'지요. 그리고 '창의'는 '새로 의견을 생각해 냄'이라는 의미지요. 창의성의 표현은 자유라는 토대에서 가능해요.

파울루가 《희망의 교육학》에서 독자들에게 소개한 바 있는 일화인데요. 파울루의 친구인 브라질의 유명한 만화가 끌라우지우스 세꼰의 아들이 겪은 일이에요. 끌라우지우스와 가족은 당시 제네바에 살고 있었는데, 어느 날 아들 플라비우가 축 처진 모습으로 집에 와서는 말하더라는 거예요.

"아빠, 선생님이 제 그림을 찢었어요."

그는 곧 선생님을 찾아가 자초지종을 물었어요. 선생님은 반 아이들이 그린 그림을 보여 주었는데, 모두 비슷한 모습의 검은 고양이였어요. 선생님은 그 그림들이 작은 고양이 조각상을 모델로 한 것이라고 덧붙였어요. 끌라우지우스는 궁금했지요.

"왜 살아 있는 고양이를 모델로 하지 않았나요? 그렇게 해야 아이들이 고양이를 이해한 대로 그릴 텐데요. 아이들 각자가 느낀 고양이를 자유롭게 표현할 수 있도록요. 아이들이 자유롭게 창조하고 발견하고 재발견하도록 해 줘야죠."

"아니요! 절대 그렇지 않아요! 어쩌면 댁의 아드님에게는 그런 방법이 통할지도 모르겠군요. 그 아이라면 잘할 거예요. 생동력 있고, 똑똑하고, 창조적이며 자유롭기까지 하니까요. 하지만 다른 아이들은요?"

그녀는 계속해서 말했어요.

"저는 제가 어릴 때를 기억하고 있어요. 제가 선택하고 결정하고 창조하도록 강요받는 상황에 두려움을 느꼈었죠. 그것이 며칠 전 제가 플라비우의 작품을 압수한 이유예요."

'압수'라고 했지만 사실은 찢은 거였지요. 도대체 플라비우는 그 조각상을 보고 어떤 그림을 그렸던 걸까요?

"플라비우는 존재할 수 없는 고양이를 그렸어요. 형형색색의 고양이라니요! 저는 그 그림을 받아들일 수 없었습니다. 그것은 플라비우 자신에게뿐만 아니라 다른 친구들에게도 해롭습니다."

물론 파울루가 들려준 이 이야기는 1970년대의 이야기이고, 플라비우의 선생님의 생각을 일반화할 수도 없겠지요. 하지만 분명

《희망의 교육학》은 어떤 책인가요?

파울루는 먼저 유년 시절과 청소년기, 이어 성인으로의 관문에 이르기까지 자신의 삶을 분석하면서 첫 장을 시작해요. 그리고 세계 각지를 활보한 망명 시절까지를 성찰하며 끝을 맺어요. 《페다고지》는 억압의 현실과 그러한 현실은 억압받는 이들 자신만이 넘어설 수 있다는 당위성에 주목했어요. 한편 《희망의 교육학》에서는 《페다고지》에 대한, 그리고 이 책이 받았던 비판들에 대한 분석과 함께 '희망'이라는 요소에 초점이 맞춰져 있어요. 현실 속에서 희망을 가져야 하는 이유, 희망을 가질 수 있는 이유, 그리고 그 희망은 철저한 현실 인식과 잘 계획된 프로젝트를 통해서 비로소 '지금과는 다른 현실'로 이어질 수 있음을 역설하고 있어요.

서문에서 파울루는 이 책이 세상의 불의에 대한 '분노'로 쓰여졌다고 고백하는데요. 만약 이 책을 쓰게 한 것이 오로지 분노뿐이었다면 이 책은 파울루가 의도했던 '변화의 의지'를 싹트게 할 힘을 갖지 못했을 거예요. 하지만 파울루는 이 책을 만든 또 하나의 재료가 '사랑'이라는 말을 덧붙여요. 그의 말대로 잘못된 것에 대한 '분노'와 인류에 대한 '사랑'이 없다면 더 나은 세상으로의 변화를 향한 '희망'은 있을 수 없기 때문이지요. 그런 이유로 《희망의 교육학》은 '페다고지와의 재회'라는 부제를 갖고 있어요.

한 것은 시간이 많이 흘렀음에도 세계적으로 가장 본질적인 부분에서는 아이들이 주어진 자유에 창의적으로 대처하도록 교육하는 학교가 많지 않다는 거예요. 선생님이 두려워했던 자유는 그렇게 다시 그다음 세대에게도 두렵고 곤란한 것으로 '학습'되는 거지요.

'자유'라는 상황에 대처하는 자세를 놓고 한국과 브라질의 축구 선수를 비교하는 이야기를 들은 적이 있어요. 브라질에는 한국에서 온 청소년 축구 유학생들이 많이 있어요. 브라질 선수들과 함께 경기를 뛰게 해 보면 두 나라의 선수들 간에 확연한 차이가 난다는 거예요.

"브라질 선수는 공이 자기에게로 오면 신이 나서 어쩔 줄 모르며 공으로 자기가 할 수 있는 능력을 제한 없이 발휘해요. 그런데 한국 선수는 공을 받으면 긴장하고 경직된 모습이 역력해요. '내가 잘할 수 있을까? 내 판단대로 해서 잘못되면 어떡하지?' 이런 걱정을 하는 거겠죠."

물론 아직 훈련을 받는 단계에 있는 어린 선수들이기에 더욱 그러한 차이가 나는 것이기도 해요. 하지만 기본적으로 자유나 창의성보다는 규범과 규율, 수직적인 권위를 상대적으로 더 중시하는 한국 문화의 특성이 반영된 것으로 볼 수 있지요. 흔히 우리가 삼바 축구라고 부르는 브라질의 축구에 감탄하는 것은 바로 유연하고 기발할 뿐 아니라, 무엇보다 선수들 자신이 그것을 즐기고 있는 것이 보이기 때문이 아닐까요?

인류에 대한 사랑

"내가 이해하는 모든 것, 나는 오로지 사랑하기 때문에 그것들을 이해한다."

문학의 거장 톨스토이의 말이에요. 문학이었기에 그는 '사랑'이라는 주제를 전하는 데 어떠한 제약도 받지 않을 수 있었어요. 하지만 그 영역이 '과학'일 때는 사뭇 다른 잣대가 적용되게 되죠. 개인의 신앙과 사랑은 사실 '과학'을 말할 때 피하게 되는 요소예요. 과학의 객관성을 해친다고 생각하기 때문이지요. 하지만 가톨릭적 분위기에서 자란 파울루는 정체성을 숨기지 않았어요. 오히려 그의 모든 지식과 실천의 근원은 그리스도에 대한 사랑, 그리고 그로 인해 가능했던 인류를 향한 사랑이었다고 늘 자신 있게 말했지요. 특히 그리스도의 '사랑'이라는 본질은 그를 움직이는 힘이었어요. 마르크스에 대한 관심도 그리스도의 사랑에 이끌려 갖게 됐다고 말한 바 있어요. 가난한 자, 약한 자의 고통이 마르크스에 관심을 갖게 만들었다는 거지요. 파울루라는 한 사람 안에 어떻게 마르크스와 그리스도가 공존할 수 있는지 질문하는 이들도 많이 있어요.

전 세계를 누비며 배움과 변화의 희망을 심다

"당신은 가톨릭적 분위기에서 자라지 않았나요? 그렇다면 어떻게 마르크스와 그리스도의 영향을 동시에 받을 수 있지요?

파울루의 말로 마르크스주의를 판단할 수는 없지만, 적어도 그의 해석에서는 그리스도와 마르크스에게서 '약한 자에 대한 관심'이라는 공통분모를 취했음을 알 수 있어요.

"마르크스는 내가 복음을 더 잘 이해하도록 도와줬습니다. 마르크스가 내게 가르쳐 준 것은 민중의 아픔이었지요. SESI에서 일할 때, 자보아떠웅의 강줄기를 따라 놀던 소년이었을 때 나는 민중의 비참한 생활, 죽음을 보았습니다. 많은 이와 마찬가지로 나는 그런 것들에 분개하는 교육자입니다. 그래서 마르크스에게로 갔고, 그로 인해 나의 그리스도와의 동행을 멈춰야 할 어떤 이유도 찾지 못했습니다. 하지만 나는 종교인은 아닙니다. 종교인이라기보다는 믿음의 사람이지요. 내가 분명히 믿는 것은 신이 존재한다는 것입니다. 비록 내게 있어 그 '신'이 세상 모든 것을 만들고 모든 일을 가능케 하는 자는 아니지만요."

기독교적 가치에서 파울루를 가장 강하게 이끈 것은 '사랑'이었어요.

"나는 사랑을 품은 존재로 살고 그것을 표현하는 것을 두려워하지 않는 지식인입니다. 나는 사람들을 사랑하고 세계를 사랑합니다. 그리고 내가 박애 혹은 자선보다도 사회 정의가 먼저 이 땅에 뿌리내리도록 싸우는 것은 바로 사람들을 사랑하고 세계를 사랑하기 때문입니다."

그는 공개 석상에서나 책에서 지나치게 자주 '사랑'을 언급한다는 이유로 비난받기도 했답니다. 하지만 파울루는 확고했어요.

"사랑은 살아 있는 존재의 영역입니다. 인류의 수준이 미칠 수 있는 가장 놀라운 탁월성을 갖춘 차원이지요. 제가 혁명이 사랑의 행위라고 말하는 것은 바로 이러한 의미에서입니다."

세계 명사와의 우정

브라질을 떠나 13년이라는 긴 망명 생활 동안 파울루는 교육자로서의 여정을 걸어 나가면서 세계적인 우정을 맺을 수 있었어요. 그는 칠레, 미국, 스위스는 물론 피지, 파푸아뉴기니, 오스트레일리아, 인도 등 수많은 나라를 방문했고, 브라질에 있을 때보다 훨씬 더 온전하게 '교육자 파울루 프레이리'로 살 수 있었답니다. 이때 맺은 우정은 파울루가 훗날 브라질에 돌아간 후에도 계속됐어요. 그중에서도 장 자글러와의 우정 이야기를 해 볼게요.

《왜 세계의 절반은 굶주리는가?》, 《왜 검은돈은 스위스로 몰리는가》. 한국의 서점 한편을 꾸준히 지키고 있는 이 책들의 저자가 바로 스위스의 사회학자 장 지글러라는 인물이에요. UN 인권위원회에 소속되어 오랫동안 제3세계의 식량 문제를 비롯한 인권의 실상을 세상에 알리는 데 힘써 온 장 지글러는 《페다고지》원고가 브라질에서 출판될 수 있도록 기여한 일등공신이에요. 앞에서 봤다시피 1964년 이후 브라질에서 파울루의 모든 학문과 실천은 금지 대상이었어요. 이 책 또한 위험한 것으로 간주되어 블랙리스트에 올라 있었어요. 1968년에 쓰여진 후 2년 뒤에 영어와 스페인어로 번역돼 세계에서 큰 파문을 일으킨 이 책을 브라질이 몰랐을 리 없지요. 파울루는 위험을 무릅쓰고라도 《페다고지》가 본래의 언어로 브라질에서 출판되기를 원했고, 전통과 권위를 가진 브라질의 출판사 '빠스 이 떼하'에 전달하고자 큰 위험을 감행했어요. 사실 그보다는 그것을 전달할 사람이 처할 위험이 문제였죠.

그때 파울루는 제네바에 머물고 있었고 제네바 대학 교수들과 그 문제를 상의

했어요.

"그 문제라면 제가 도울 수 있습니다. 조만간 학술회의 참석차 히우지자네이루에 갈 예정인데 제가 원고를 가지고 가지요."

선뜻 도움의 손길을 내민 사람은 당시 교수이자 국회의원이었던 장 지글러였어요. 그가 가진 스위스인이라는 국적과 외교관 여권은 어려움 없이 입출국 심사를 통과하게 해 줄 터였어요. 그리고 실제로 아무 일도 일어나지 않았지요. 얼마 후 빠스 이 떼하의 편집자 가스빠리안에게서 연락이 왔어요.

"파울루 박사님, 원고는 무사히 받았습니다. 당장은 출판할 수 없지만 분명 좋은 때가 곧 올 겁니다. 함께 기다려 보시지요."

지글러의 노력이 헛되지 않게 1975년에는 드디어 브라질의 독자들도 포르투갈 어판 《페다고지》를 서점에서 만날 수 있게 되었답니다.

유유상종이라지요? 지글러 역시 옳다고 믿는 것을 말하고 실천하는 데 있어 권력의 눈치를 보지 않는 사람이었어요. 그 덕에 그는 차마 견디기 힘든 보복을 반대 세력으로부터 수차례 당해야 했어요. 아직 파울루가 제네바에 있을 때 《스위스: 무엇보다도 의심스러운》이란 책을 통해 제3세계 일부 특권층이 스위스에 유지하고 있는 기밀 계좌에 관해 폭로한 것도 지글러의 거침없는 행보 중 하나였지요. 얼마 후 《왜 검은돈은 스위스로 몰리는가》를 출판하고 나서는 더 많은 것을 잃고, 더 강도 높은 압박, 생명의 위협까지 받게 됐어요. 하지만 지금까지도 그러한 소신을 실천해 왔기에 온 세계에 진실을 알리기 위해 애쓰는 양심 있는 학자, 열정적인 활동가로서의 입지가 더욱 굳건해졌답니다.

전 세계를 누비며 배움과 변화의 희망을 심다

브라질에서 인생의
마지막 순간을 불태우다

다시
브라질

나는 세계 시민이 되기 이전에
헤시피의 시민이었고 여전히 그렇다.
(……) 그런 다음에야 나는 브라질 시민이며
라틴아메리카 시민, 그리고 마침내
세계 시민일 수 있는 것이다.

파울루 프레이리, 《망고 나무 그늘 아래서》에서

타국에서 보낸 망명의 시간은 파울루가 브라질과 자신의 삶을 객관적으로 바라보고 정리할 수 있는 의미 있는 시간이었어요. 하지만 그간 브라질이 많이 변했기 때문에 브라질의 모습을 직접 관찰하고 체험하면서 현재 브라질 사회를 새롭게 배워야겠다고 생각했어요. 파울루는 브라질 곳곳을 여행하며 많은 사람을 만나 대화하면서 많은 이야기를 나눴어요. 그들의 삶, 고민, 브라질 사회를 바라보는 관점과 바라는 점, 미래의 계획, 꿈에 대해서요. 또 교육자로서 여러 학회에 참석하면서 자신의 교육론과 다른 이들의 관점을 나누고 토론했어요.

점점 가까워지는 브라질

파울루가 스위스에서 지낸 지도 어느덧 10년이란 시간이 흘렀어요. 당시 현재 브라질 상빠울루 대학교의 교육대 교수이자 파울루 프레이리 연구소 명예소장인 모아씨르 가도치가 제네바에 유학 중이었는데요. 모아씨르는 익히 파울루의 책들과 명성을 들어 알고 있었고 그의 교육론을 주제로 학부 졸업 논문을 썼을 정도로 그를 존경했지만, 실제로 두 사람이 만난 것은 제네바에서였어요. 이후 학문의 선배와 후배, 제자와 스승 관계를 쌓아 간 두 사람은 1977년 모아씨르가 박사 학위를 얻으면서 어엿한 교육계의 동료가 되었어요. 같은 해 모아씨르는 깡삐나스 대학에서 교수직 제의를 받고 귀국 준비를 시작했어요. 파울루와도 이 소식을 나눴지요.

"파울루, 이제 이곳에서의 시간도 얼마 남지 않았군요. 혹시 함께 브라질로 돌아가실 생각은 없으세요?"

파울루 역시 돌아가고 싶은 마음이야 굴뚝같았지만 여전히 브라질 정부가 파울루에게 호의적이지 않은 상황에서 다시 가족과 불안한 하루하루를 살아야 한다는 것은 내키지 않았어요.

"혹시라도 브라질의 어느 공립 대학이 날 채용한다면 돌아갈 생각이 있다네."

그것은 사실 파울루만의 희망 사항은 아니었어요. 브라질의 학생들과 교수들을 비롯해 브라질이 좀 더 정의로운 사회가 되길 바라는 많은 지식인이 그가 돌아올 날을 손꼽아 기다리고 있었어요. 귀국한 모아씨르는 깡삐나스 대학과 상빠울루 대학을 찾아가 파울루의 귀국 의향을 알리는 등 그가 브라질에 돌아올 수 있기 위한 발판을 마련해 나갔어요. 그 결과 1978년에 깡삐나스 대학이 주최한 '제1회 브라질 교육 세미나'에 파울루가 참석할 수 있게 되었어요. 하지만 결정적인 장애물이 하나 있었어요. 파울루의 입국을 거부하는 브라질 정부의 강경한 자세였어요.

"파울루 헤글루스 네비스 프레이리에게 여권을 발급해 줄 수 없습니다."

그래서 주최측이 생각해 낸 방법이 뭐였는지 짐작이 가나요? 바로 파울루의 '목소리'만이라도 세미나에 참여하게 하는 것이었어요. 그해 9월, 드디어 1964년 시작된 군사 집권 이후 최초로 브라질의 교육자들이 자유롭게 회동한 역사적인 학술 행사가 열렸어요. 그리고 그 자리에 참석한 청중에게 '전화'라는 수단을 통해 개막 연설을 하는 파울루의 음성이 고스란히 전달됐어요.

"(……) 이 순간 제가 사랑과 애정의 말, 신뢰, 희망, 그리고 숱한 그리움의 말 외에 어떤 말을 할 수 있겠습니까. 이토록 유쾌하고 푸근한 브라질, 우리 모두의 브라질, 그 특유의 향기를 얼마나 그리워했는지요. 14년 동안이나 멀리 떨어져 있었지만, 생각과 마음만큼은 한 번도 브라질을 떠난 적이 없었습니다."

훗날 모아씨르는 말하는 이와 듣는 이 모두를 큰 감격에 빠지게 했던 이날의 연설을 회상하며 당시 강당에 울려 퍼지던 파울루의 목소리가 '신비로웠다'고 표현하기도 했어요.

다음 해 6월 파울루는 58세의 나이에 생애 처음으로 브라질 여권을 손에 쥐게 돼요. 사실 그는 추방 이후 수년간 브라질 정부에 여권 발급을 요구했지만 거듭 거절당했어요. 그러다 정치적 자유의 회복을 요구하는 시민사회의 압력에 브라질 정부도 요지부동일 수만은 없었죠. 마침내 정부는 파울루에게 '일시적으로'나마 브라질에 머물 수 있는 여권을 발급해 주었고, 얼마 후 파울루는 상빠울루의 비라꼬뿌스Viracopos 공항을 통해 그토록 그리던 브라질 땅을 다시 밟을 수 있었답니다. 브라질 일간지 〈폴랴 지 상빠울루〉를 통해 그의 귀환 소식이 전국에 알려졌어요.

"그는 마침내 브라질에 돌아왔다. 실은 한 번도 브라질을 떠나지 않은 채로."

약 한 달간 브라질에서 머무는 동안 파울루는 과거 함께 일했던 상빠울루 가톨릭 대학의 한 여교수의 집에 초대받게 되었어요. 집에 들어서면서 그녀는 자신의 어린 딸을 불렀어요. 그러자 아이가 나와 그를 쳐다보고는 이렇게 외쳤어요.

"아! 이 할아버지가 걸어 다니는 동상이지요?"

브라질에서 인생의 마지막 순간을 불태우다

이 작은 아이까지도 브라질에서의 오랜 부재에도 불구하고 많은 사람의 입에 오르내리는 용감한 교육자 파울루를 알고 있었던 거예요. 파울루는 아이를 꼭 안으며 대답했어요.

"그래, 그러면 좋겠구나. 우리나라의 걸어 다니는 역사 유산이 되어 늘 세상과 사람들을 두루 살피고 그들과 함께 웃을 수 있도록 말이다."

다시 제네바로 돌아간 그는 아내 에우자와, 그리고 그가 활동하던 세계교회협의회와 함께 브라질로의 영구 귀국에 대해 진지하게 논의했어요. 그리고 10년간 그와 가족을 품어 줬던 땅과 사람들과의 이별을 준비하기로 결정을 내립니다.

대학교수로 당당히 브라질 땅에 서다

아직 파울루에 대한 추방 해제가 떨어지지 않았지만 그가 브라질로 돌아오길 원한다는 소식을 듣고 여러 대학에서 그를 임용하고자 했어요. 특히 깡삐나스 대학과 상빠울루 가톨릭 대학교에서 교수들과 학생들이 뜻을 모아 외교부에 탄원서를 보낸 것이 파울루의 추방 해제 조치에 결정적인 역할을 했어요. 편지의 요지는 이러했어요.

'파울루 프레이리 박사를 본교의 교수로 채용하고자 하니 그에

Recebido por amigos e familiares, o educador Paulo Freire volta com dois convites para lecionar em São Paulo.

Freire volta, para "reaprender o Brasil"

"프레이리, '브라질을 다시 배우기 위해' 돌아오다"
파울루와 그의 아내 에우자(왼쪽)의 모습

대한 추방 명령을 해제해 주실 것을 요청합니다.'

정부 역시도 브라질의 권위 있는 두 대학과 지식인들의 목소리를 더 이상 외면할 수는 없었어요. 결국 당시 브라질 사회에 넘치던 재민주화를 향한 큰 물결을 거스르지 못하고 그해 8월 파울루의 사면법이 통과되었어요.

하지만 파울루의 교수 임용 과정은 순탄치 않았어요. 사면법이 통과되고 깡삐나스 대학 교육대와 교육운영위원회는 파울루를 교수로 임용해 달라는 제안서를 총장실에 제출했는데요. 군사 정부의 보복을 두려워한 총장 측은 선뜻 임용 계약에 서명하지 않고 계속 지체하고 있었던 거예요. 총장의 무응답을 참다 못한 깡삐나스 대학 교육대의 학생들과 교수들은 공식적으로 이의를 제기하기에 이르렀어요.

"총장님께서는 즉시 대학 공동체의 의사를 존중하고 이행하십시오!"

돌아오는 핑계는 재정이 부족하다는 것이었어요. 물론 사실이 아니었지요.

"얼마 전 ○○ 교수가 은퇴하지 않았습니까?"

실제로도 당시 재정은 부족하지 않았던 데다 바로 얼마 전에 있었던 교원의 퇴직 사실을 내세우니 총장 측도 어쩔 수 없었어요. 1980년 6월 9일, 파울루는 드디어 강단에 설 수 있었어요. 16년 만에 브라질의 대학에서 학생들을 직접 마주한 파울루의, 또 그토록 기다렸던 파울루라는 국제적인 학자를 스승으로 갖게 된 학생들의 감동은 이루 말할 수 없었겠지요. 내용이나 진행 방식이나 늘 학생들의 열린 참여와 '대화'를 중시했던 그의 강의는 항상 최고 인기 과목에 속했고, 매 학기 학생들은 그의 과목을 수강하려고 경쟁을 벌여야 했답니다.

그러다 한참 후 총장실에서는 학교 운영자들에게 엉뚱한 요구를 해 왔어요.

"아우비스 교수, 파울루 프레이리 박사가 교수로서 자격이 합당한지 그에 대한 소견문을 써서 제출하세요."

브라질의 교육자이자 작가인 후벵 아우비스는 당시 깡삐나스 대학의 교수로 재직 중이었어요. 그는 그런 치졸한 요청을 받게 되자 무척 화가 났어요. 후벵은 곧 소견문을 써 내려갔어요.

'여기 파울루 헤글루스 네비스 프레이리에 대한 소견문입니다. 그의 이름은 전 세계의 대학들에 알려져 있습니다. 그의 저서들을 보십시오. 정확히 몇 개 언어로 번역되었는지는 모르겠습니다만, 여기 우리 교수진 중 그만큼 책을 쓰고, 그렇게 많은 외국어로 출판한 이는 없을 것이라 짐작합니다. (……) 그의 이름은 그 자체로, 누구의 평가나 소견서 없이도 북미와 유럽 유수의 대학들에 널리 알려져 있습니다. 이 이름에 그를 위한 '소견문'을 자신의 이

브라질에서 인생의 마지막 순간을 불태우다

름으로 덧붙이려는 사람은 우스꽝스러운 역할만 하게 될 뿐입니다.'

이 글을 받아 본 총장실에서도 결국 백기를 들고 말았어요. 자기들이 얼마나 부끄러운 요구를 했는지 조목조목 확인시켜 주는 글을 읽고 새삼 얼굴을 붉히지 않을 수 없었던 거죠. 아우비스의 이 '소견문 아닌 소견문'은 아직까지도 파울루를 살린 소견문으로 널리 회자될 정도로 유명하답니다. 이때가 1985년으로, 때마침 브라질의 군사 독재가 막을 내린 해이기도 해요. 파울루가 실질적으로, 그리고 서류상으로도 깡삐나스 대학교의 정식 교수가 되기까지 5년이라는 세월이 걸린 거예요. 바로 상빠울루주의 관료주의에 물든 행정 처리 시스템과 학교 측의 비겁함 때문에 말이에요. 그럼에도 불구하고 서류 작업이 마무리되지 않았던 그 5년 동안도 파울루는 학생들과 동료 교수들이 원하는 총장 1순위였을 만큼 덕망이 높았다고 해요.

다시 알아 가는 브라질

"저는 브라질을 다시 배우기 위해 왔습니다."

1979년 파울루가 비라꼬뿌스 공항에 도착했을 때 인터뷰에서 한 말이에요. 파울루에게 망명의 시간은 브라질을 좀 더 객관적으로 바라볼 수 있는 시간이었어요. 하지만 이제는 자신의 현실이 된 브라질, 그간 변화한 브라질에 대해서 좀 더 많이 배워야겠다고 느꼈어요.

파울루가 돌아왔을 때, 그를 비롯한 많은 지식인을 핍박하던 군부 독재는 이제 그 끝이 보이는 듯했죠. 하지만 여전히 사회의 많은 부분에서 영향력을 행사하고 있었어요. 한편 1960년대 파울루가 그 도입을 주도적으로 도왔던 브라질의 민중교육운동은 그 두 번째 국면에 접어들어 활기를 띠고 있었죠. 노동자들은 이제 조직적으로 결집해 자신들의 권리를 주장하고, 이의 실현을 위해 정치 주체로서 등장하기 시작했어요. 1980년에는 흔히 사회주의로 분류되는 진보 성향을 가진 지식인들과 종교인들, 금속 기계공들이 중심이 되어 상빠울루주의 주요 도시들 거점으로 PT, 즉 '노동자당'이 창설되기에 이르렀어요.

파울루는 진보적인 지식인으로서, 또 민중을 사랑하는 한 사람으로서 노동자당의 창립 멤버가 되어 자신의 정치적 소신을 숨기지 않았지요. 그런 그에게 혹자는 이렇게 묻기도 했어요.

"선생님에게 망명이란 전력은 전쟁 후에 얻은 훈장이나 트로피 같은 것입니까? 그렇게 고생하셨으니 이제 나라에 어떤 특혜를 바라실 수도 있을 텐데요."

파울루에게 망명은 분명 고통이었지만, 그것에 대한 해석은 달

브라질에서 인생의 마지막 순간을 불태우다

랐어요.

"1964년 정치적 핍박의 분위기에서 제가 브라질을 떠난 것을 후회하지는 않습니다. 변화를 위해 제가 할 수 있는 유일한 일을 완전히 금지당한 상태에서 브라질에 머문다는 것은 지나치게 순진한 선택이겠지요. 하지만 분명 망명은 나를 그 치열한 싸움의 현장에서 끄집어냈어요. 끝까지 남아서 그 현장에 참여한 사람들의 희생 덕분에 저 같은 사람들이 오늘 브라질에 돌아올 수 있었습니다. 그런데 '특혜'라니요?"

'브라질을 배운다'는 그의 말은 괜히 겸손을 떨기 위한 게 아니었어요. 그는 브라질 온 땅을 돌아다니며 사람들을 만나고 강연하고, 글을 쓰고, 학생들 그리고 교수들과 열띤 토론을 벌였답니다. 그의 관심은 늘 하나였어요. 현실 사회, 고통받고 소외된 사람들, 더 나은 세계를 위한 노력, 희망, 교육. 이러한 관심은 그의 머리와 가슴, 그리고 발이 한시도 쉴 수 없게 만들었지요.

1983년 7월, 캘리포니아의 어느 여름날이었어요. 파울루는 마침 학회 참석차 미국을 방문 중이었죠. 그의 동료 모아씨르 가도치 박사는 파울루와 이야기를 나누던 중 물었어요.

"어떻습니까, 브라질을 배우는 일은 잘돼 갑니까? 도움이 될 만한 이론이라도 있나요?"

파울루의 대답은 간단했어요.

"글쎄, 그람시*를 글로 읽는 것도 중요하지만 판자촌에서 민중 버전의 그람시를 직접 듣는 것도 중요하다고 믿네. 이것이 바로 내가 일주일에 적어도 두 번은 판자촌들을 돌아다니며 사람들과 만나 이야기하는 이유라네."

배우자를 잃은 아픔

1986년 10월 24일.

에우자는 안타깝게도 다시 밟은 조국 땅에서 새 삶을 얼마 누리지 못하고 세상을 떠났어요. 그 후 파울루는 깊은 실의에 빠져 헤어나지 못하고 있었죠. 그의 딸 중 하나는 당시 아버지의 모습을 이렇게 회상해요.

"그런 아버지의 모습은 처음 봤어요. 완전히 낯선 모습이었죠. 반은 죽어 있는 것과 같았을 정도예요."

그때까지 숱한 역경을 거치면서도 의연함과 견고한 낙관적 자세로 살아왔던 파울루였어요. 그것은 파울루 자신의 성품 덕분이기도 했겠지만, 바로 에우자가 결혼 후 계속된 모험과 같은 삶에

● **그람시** 안토니오 그람시Antonio Gramsci는 이탈리아의 철학자이자 정치인으로 마르크스주의에 정통한 탁월한 이론가예요.

적극적으로 동참해 주었기 때문에 가능했어요. 의존적인 아내로 그저 남편의 길을 따른 것이 아니라, 오히려 파울루가 주저할 때 용기를 주고 그가 미처 깨닫지 못한 점을 상기시켜 주기도 했어요. 이렇듯 파울루의 삶 그 어디에도 그녀가 함께하지 않은 곳은 없었기에 갑작스러운 그녀의 부재는 그를 몹시 고통스럽게 했답니다.

'에우자, 에우자…… 당신이 내 곁에 없는 것이 도저히 믿기지 않소. 그토록 그리던 브라질에 돌아왔는데 당신이 없는 지금 나는 기쁘기는커녕 숨조차 제대로 쉴 수 없소…….'

삶의 의지를
되찾다

친애하는 그대여, 그대가 그 이름에 걸맞는 새해를 얻기 위해서는,

그대에게 마땅한 자격이 있어야 하오,

그리고 그대가 그것을 새로운 것으로 만들어야 한다오,

나도 안다오, 쉽지 않겠지요,

하지만 시도해 보오, 시험해 보는 거요,

그것을 의식해야 하오.

새해가 꾸벅꾸벅 졸며 늘 그대를 기다리는 곳은

바로 그대 안에서이기 때문이오.

파울루가 좋아하는 시인,
까롤루스 드루몽 지 앙드라지의 시 〈새해를 위한 처방〉에서

아내를 떠나보낸 뒤 깊은 상실감에 빠져 있던 파울루는 어릴 적 헤시피에서 우정을 맺었던 니따와 만나 결혼하고 다시 살아갈 힘을 얻게 돼요. 그로부터 얼마 후 1988년 사회주의 성향의 PT(노동자당)가 상빠울루 시의원 선거에서 승리하면서 파울루는 상빠울루시의 교육감으로서 인생의 새로운 국면에 접어들었어요. 근 30년 만에, 이제는 세계를 누빈 후 한층 폭넓은 경험과 깊은 통찰력으로 다시 정책가의 길을 걷게 된 거지요. 2년이 조금 넘는 짧은 시간 동안 상빠울루의 무너진 공교육의 역사를 다시 쓰고자 고군분투한 그의 행적을 따라가 볼까요?

브라질에서 인생의 마지막 순간을 불태우다

다시 선택한 삶

오랫동안 에우자를 잃은 슬픔에 빠져 지내던 파울루 앞에 한 여인이 나타났어요. 그녀의 이름은 아나 마리아 아라우주예요. 친한 사람들은 모두 그녀를 니따Nita라고 불렀지요. 당시 파울루는 1980년부터 깡삐나스 대학교 말고도 상빠울루 가톨릭 대학교의 교육대학원에서도 강의를 하고 있었는데요. 그때 니따는 그가 강의했던 교육대학원 석사 과정에 있었고 파울루는 그녀의 지도 교수였어요.

그런데 사실 두 사람은 오래전부터 이미 아는 사이였어요.

"파울루를 처음 만난 건 아버지가 교장으로 계셨던 오스바우두 끄루스 학교의 복도에서였어요. 당시 파울루는 열일곱, 저는 네 살 때였지요. 그는 저희 가족과 매우 가까운 사이여서 저를 많이 예뻐해 줬어요."

니따는 바로 파울루와 어머니의 학업에 대한 굳은 의지를 보고 입학을 허락해 준 은사 알루이지우 박사의 딸이었던 거예요. 두 사람은 파울루가 망명을 떠날 때까지도 서로 교류하며 지냈고, 니따는 그 후로도 멀리서 들려오는 그의 소식에 꾸준히 관심을 두고 있었어요. 니따는 첫 번째 남편과 사별 후 다시 학업을 시작했고, 마침 귀국해 가톨릭 대학에서 강의하게 된 파울루를 만나게 된 거예요.

얼마 후 에우자가 세상을 떠나고 두 사람은 서로에게서 큰 위로를 얻었고, 둘의 오랜 우정과 학문적 공감은 곧 사랑으로 발전했어요. 에우자의 죽음 이후 내내 열리지 않을 것만 같았던 파울루의 마음도 니따를 만나면서 삶을 향한 용기를 다시 낼 수 있었죠.

"니따, 앞으로의 인생을 나와 함께해 주지 않겠소?"

어린 시절부터 파울루의 인품과 열정적인 삶을 동경해 왔지만 결혼은 또 다른 문제였어요. 이제 친구와 친구, 교수와 학생 관계가 아닌 남편과 아내로 서로를 대해야 하는 중요한 결정인 만큼 니따는 신중하지 않을 수 없었어요. 며칠 후 파울루를 만난 그녀는 말했어요.

"저 역시 당신과 함께하고 싶어요. 하지만 우리 둘 다 각자 지난날의 남편, 아내에게 미련을 갖지 않고 앞으로의 우리 인생에 집중하기로 해요. 당신이 내 전남편을 대신하는 것도, 내가 에우자의 자리를 대신하는 것도 아니에요. 그저 파울루와 니따, 지금의 우리 관계를 소중히 여겨 주겠어요?"

"그래야지요. 그렇게 하겠소."

서로의 의지를 확인한 두 사람은 1988년 3월 27일 헤시피에서 부부의 언약을 맺었답니다.

에우자가 죽고 얼마 되지 않아 이뤄진 이 만남에 대해 그 누구보다 그를 책망한 것은 파울루 자신이었어요. 하지만 파울루에게 니따와의 사랑은 곧 죽음이 아닌 삶의 선택이었답니다. 1988년 상빠울루 가톨릭 대학교 명예박사 학위 수여식에서 파울루는 이렇게 고백했어요.

"나는 42년 동안 열렬히 사랑했다. 에우자는 이제 이 세상에 없지만 내 안의 에우자는 죽지 않았다. 하지만 나는 삶을 선택했다! 이것이 유일하게 계속 살아갈 방법이자 에우자에게 충실할 수 있는 방법이다. 나는 용기를 내어 다시 한 번 결혼하고 사랑할 수 있었다. 자책의 순간들도 있었다. 심지어는 아름다운 장미를 바라보는 것에도 가책을 느꼈다. 또 다른 여인을 사랑하게 됨으로써 다시 세상을 발견했다."

실제 파울루는 에우자를 잃고 술과 담배로 건강을 해치고 있었어요. 니따는 그러한 상황에서 파울루가 벗어날 수 있도록 도움을 주었어요. 두 사람은 이후 서로를 존경하고 교감하며 서로를 성장시키는 결혼 생활을 만들어 나갔답니다. 그렇게 파울루의 남은 생애를 함께하며 니따의 눈을 통해 사람들은 그의 인간적인 면모를 알게 되기도 했지요. 이를테면 사소한 일상의 습관, 어린아이 같은 소원 말이에요.

"파울루는 비행기 타는 걸 무서워해서 '자동차로 산책'하며 사람, 풍경, 건물들을 보는 것을 좋아해요. 브라질 대중음악을 흥얼거리

파울루 프레이리, 삶을 바꿔야 진짜 교육이야

거나 휘파람을 불곤 해요. (……) 아, 그의 평생 간절한 소원 중 하나가 가죽으로 된 (축구)공을 선물받는 거였지 뭐예요. 그 사실을 제가 1995년 크리스마스에 알게 됐으니, 융케도 거의 70년 동안이나 아무에게도 그 소원을 밝히지 않고 끈기 있게 기다린 거죠."

상빠울루시 교육감이 되다

두 번째 결혼과 함께 공인으로서 새로운 도전을 받아들이면서 파울루의 인생도 새로운 국면에 접어들게 돼요. 그 도전이란 다름 아닌 1989년 상빠울루시 교육감직을 수락한 것이었어요. 1988년 상빠울루시 선거에서 노동자당이 승리를 거두면서, 시장으로 당선된 루이자 에룽지나는 파울루야말로 자신과 당이 추구하는 교육 정책을 잘 이해하고 구현해 줄 파트너라고 믿었어요. 이는 파울루도 마찬가지였지요. 노동자당은 파울루가 창립 멤버로 활동한 당이기도 해요.

파울루는 이제 상빠울루시의 성인 교육과 문해 교육을 진두지휘하는 것 이외에도 유치원부터 8학년(한국의 중학교 2학년 과정)까지, 662개 학교의 7만 2000명의 학생을 책임지게 된 거예요. 상빠울루는 당시 인구가 1100만이 넘는 라틴아메리카에서 가장 큰 도시 중 하나였어요. 인구나 경제 면에서 브라질 전체를 통틀

브라질에서 인생의 마지막 순간을 불태우다

어 가장 중요하다고 볼 수 있는 상빠울루시 교육부의 수장 자리에
서도 그는 민주적인 방식으로 일했어요. 교육감으로 일하는 동안
그는 먼저 자신의 업무를 보조할 5~6명으로 이루어진 팀을 꾸려
효율적으로 업무를 처리할 수 있었어요. 팀을 이끄는 데 있어 그
의 원칙은 간단했어요.

"여러분들은 어떤 위급 상황에서도 나를 대체할 수 있어야 합
니다."

"회의는 일주일에 한 번만 하도록 하지요."

파울루는 함께 일하는 사람들이 먼저 서로를 이해하고 한 가지
의 목표를 가지고 협력함으로써 리더뿐 아니라 구성원 모두가 스
스로 책임감을 가질 때 말뿐인 회의를 백날 하는 것보다 훨씬 효
율적이고 의미 있는 결과를 이끌어 낼 수 있음을 보여 줬어요.

더 나은 교육, 학교를 위한 노력

브라질에 돌아오기 전까지 파울루가 비정규 성인 교육 분야
에서의 활동으로 널리 알려져 있다면, 1980년대 그의 활동은 무
엇보다 양질의 공교육을 위한 투쟁으로 요약할 수 있어요. 그중
1989년부터 1991년까지는 상빠울루시 교육감으로서 모두가 평
등하게 누릴 수 있는 양질의 공교육 시스템을 만들기 위해 구조적

인 변화에 힘썼어요. 말하자면 파울루의 표현대로 '학교의 얼굴을 바꾸는' 과업이었지요.

이를 위해 가장 먼저 이루어져야 할 일은 학교의 자치권 강화와 지역공동체의 참여였어요. 이를 추진하는 과정에서 반대 의견도 있었어요.

"학교에 너무 많은 자치권을 허용해선 안 됩니다. 지나치게 민주주의적인 방식은 상빠울루시에 있는 모든 학교를 통제하는 데 방해가 될 겁니다."

실제로 이전의 시 정부에서도 같은 이유로 학교의 자치권 확대는 진지한 검토 대상에서 제외되곤 했어요. 하지만 파울루의 생각은 달랐어요.

"여러분, 물론 자율을 허용함으로써 우리는 더 많이 일해야 할 겁니다. 많은 사람의 의견을 수렴하려면 더 많이 움직이고, 사람들을 만나고, 사례들을 연구해야겠죠. 하지만 학생들이 처한 다양한 현실을 무시한 채 천편일률적인 교육 정책을 시행한다면 우리가 원하는 변화는 없을 것입니다."

마찬가지로 파울루는 지역 주민들이 그저 교육부가 주관하는 사업의 수동적인 '수혜자'가 되길 원하지 않았어요.

"우리의 사업은 지역공동체와 함께할 때 진정한 성공을 거둘 수 있습니다."

브라질에서 인생의 마지막 순간을 불태우다

파울루 지휘하의 상빠울루시 교육부는 당사자인 학생과 학부모들을 비롯한 지역 주민의 의견을 적극적으로 수렴했고, 특히 프로그램을 실행하는 단계에서는 더욱 참여를 장려했어요. 이런 방법은 파울루가 자신의 임기 동안 눈에 보이는 실적만을 추구했다면 절대 시도할 수 없었을 거예요. 학교 건물을 멋있게 짓고, 최첨단 장비로 채우는 게 훨씬 더 눈에 띄는 변화를 이끌어 낼 수 있지 않았겠어요?

정부의 지침에 따라 움직이던 학교와 교사들이, 학교의 교육 방침에 대한 이의 제기는 생각도 못 하던 지역 주민들이 더 나은 교육, 학교를 위한 노력에 직접 참여한다는 발상은 너무도 자연스러운 것이지만, 또 한편으로는 너무도 당연하게 박탈되어 온 권리였어요. 그들이 그것을 이해하고 적극적으로 참여하기까지는 시간이 걸릴 거예요.

파울루도 이 점을 분명히 알았어요. 자신의 실패, 실은 단기간으로 볼 때 실패로 보일 결과에 대해서도 두려워하지 않았던 그는 팀원들을, 그리고 학교 관계자들과 주민들을 이렇게 다독이곤 했어요.

"교육에서의 변화를 일구어 내는 일은 지치지 않는 인내심을 필요로 합니다. 교육이란 장기간에 걸쳐 이루어지는 과정이니까요."

의미 있는 성과

"여러분, 상빠울루 시립 학교들의 초등학생과 중학생들의 상급 학년 승급률이 1980년대를 통틀어 최고치를 달성했습니다!"

1991년 3월 상빠울루시의 시립 학교들을 대상으로 한 다음 학년 승급률과 낙제율 조사 결과가 발표되자 파울루와 동료들은 기쁨을 감추지 못했어요.

"파울루, 세상에! 사실 우리의 방식이 너무 더디고 이상주의적인 건 아닌가 회의감이 들던 참이었어요. 이런 식으로라면 앞으로 희망을 가져도 되겠죠?"

합격점을 받은 학생이 전체 학생의 81.3%나 된다는 것은 엄청난 발전이었어요. 만약 그러한 성과가 없었다면 1만 5420명의 학생이 1989년에도, 그다음 해에도 똑같이 낙제했을 테지요. 아니, 어쩌면 더 많은 수의 학생들이 낙제점을 받았을 수도 있어요. 파울루는 지면을 통해 동료들 및 상빠울루시의 교육자들과 사업의 성과를 공유하면서 이 같은 노력이 왜 중요한지를 강조했어요.

"이번 성취가 의미하는 바는 매우 큽니다. 학생들이 승급 시험에서 낙제한다는 것은 단순히 1년을 반복한다는 뜻이 아닙니다. 때로 그들은 학교를 영영 떠나는 선택을 하기도 하지요. 그 1년은 그 아이들이 자신뿐 아니라 가족의 생계를 위해 어른과 똑같이 일하거나, 어린 동생들을 돌봐야 하는 시간이니까요."

　실제로 브라질의 빈부 차는 매우 극심해요. 교육이 그러한 불평등한 구조를 바꾸는 열쇠가 돼야 하는데, 현실에서는 오히려 그 반대의 기능을 하고 있지요. 특히 1970년대 후반부터 공교육의 질이 현저히 떨어지고 비싼 사교육과의 차이가 벌어지면서 가난은 유산처럼 대물림되고 있어요. 가난한 아이들은 형식적으로나마 학비를 내지 않아도 되는 공립학교에 가지만, 올바른 교육을 통해 꿈은커녕 경쟁력을 갖춘 사회인이 되기 위한 준비를 할 수 있는 경우도 드물어요. 반면 부유한 가정의 아이들은 높은 질의 교육을 제공하는 사립 학교에서 엘리트로 키워지죠. 브라질에서는 대학 교육의 경우 초·중·등 교육과 반대로 공립 학교의 인지도와 서열이 높아요. 역시 학비가 면제되기 때문에 취약 계층의 학생들에게 더없이 좋은 기회지만, 이미 그 전 단계에서 진작 경쟁에서 밀린 아이들이 엄청난 경쟁률을 뚫고 공립대학교에 합격할 가능성은 너무나도 낮아요. 이 얼마나 모순적인 구조인가요!

　그렇기에 더더욱 파울루는 멈출 수 없었어요. 너무도 큰 구조적인 모순을 안고 있는 브라질의 교육 현실을 개선하기 위해서는 아직도 갈 길이 많이 남았으니까요.

공직 생활을 마감하다

1991년 5월 27일, 파울루는 연구와 강의에 매진하기 위해 상빠울루시 교육감 자리를 내려놨어요. 이듬해 노동자당이 발행하는 시사 잡지 〈이론과 토론〉에 실린 브라질의 철학자 마리우 세르지우 꼬르뗄라, 그리고 경제학자인 파울루 지 따르수 벤쎄슬라우와의 인터뷰에서 파울루는 다음과 같은 대화를 나눴어요.

"선생님에게 상빠울루 시청에서 근무한다는 것은 어떤 의미였습니까?"

"환상적인 일이었지요. 저는 지금까지 사회의 부조리를 고발하며 국민 모두, 특히 소외된 사람들이 비판적인 세계관을 가져야 한다고 말하고, 쓰며, 또 그렇게 살아왔습니다. 그런데 어떻게 에룽지나 시장의 제의를 거절할 수 있었겠습니까? 그것이 제가 교육감 임명에 응한 이유입니다. '아니오'라고 말하려면 제가 쓴 책들을 다 없애고 더 이상 글을 써서도 안 될 테니까요. 하지만 저는 제 생각을 쓰고, 말하는 일을 멈출 수 없었거든요."

"그렇다면 왜 교육부에 계속 남지 않으셨죠?

"교육감직을 수락했다는 것이 반드시 끝까지 자리를 지킨다는 뜻은 아니죠. 제겐 그것이 주어진 임기 동안 정직하고 충실하게 제 역할을 다한다는 의미였고, 그렇게 했습니다."

브라질에서 인생의 마지막 순간을 불태우다

"공직에 계신 동안 행복하셨나요?"

"정말 행복했습니다. 화나고, 실망하고, 슬픈 순간들도 있었어요. 하지만 그걸 피할 수는 없습니다. 중요한 것은 화나게 하고 슬프게 하는 당신 안의 정당한 이유들이 매번 현실에, 혹은 반대 세력에 지지 않도록 하는 것이죠."

동료들이 아쉬워하며 그의 퇴임을 만류했지만, 상빠울루 시립 극장에서 열린 그의 퇴임 기념 파티에서 에룽지나 시장이 한 연설은 그들의 마음을 달래 주었어요.

"파울루 프레이리는 이제 상빠울루시의 공직에서 물러나지만 이로써 우리는 그를 세상이라는 더 큰 세계에 돌려주게 되었습니다."

파울루는 동료들의 요청을 받아들여 1992년 말까지 명예 대사로 교육부 일에 도움을 주었답니다.

가르치는 이들에게,
그리고 배우는 이들에게

저는 어렸을 때부터 부모님을 멘토로 삼았어요. 두 분은 늘 제게 가장
큰 영웅이었죠. 하지만 부모님은 한 번도 제게 선생님이 되라고 하신 적이
없답니다. 저희 다섯 남매에게는 장래 어떤 분야에서 활동할지에 대해 항상
폭넓은 선택권이 주어졌어요. 저와 언니 둘, 남동생 둘이 있는데,
저를 포함해 세 자매가 교육자가 되기로 결심했지요.

파치마 프레이리, 'Tarde Educação(교육과 함께 오후를)'과의 인터뷰에서

공직에서 물러난 파울루는 다시 교수로서, 그리고 학자로서 연구와 강의
를 비롯한 학술 활동에 전념했어요. 1964년 쿠데타로 교수 자격을 박탈당
했던 그에게 학생들, 그리고 다른 학자들과 또 브라질의 교육자들과 소통
하는 것은 매우 뜻깊은 일이었지요. 미국과 스위스에서도 교수라는 직업
은 그의 삶의 중요한 축이었지만, 자신의 나라에서 자신과 같은 현실 위에
발 디딘 사람들과 브라질의 교육을 놓고 소통하고 고민하고 글을 쓰는 일
은 파울루에게는 더없이 특별하고 귀한 기회였답니다. 특히 그는 이 시기
자신의 삶에서 얻은 지식과 통찰을 열정적인 집필을 통해 쏟아 놓았어요.
그가 책을 통해 전하고 싶었던 메시지는 무엇이었을까요?

브라질에서 인생의 마지막 순간을 불태우다

질문할 용기, 그리고 "모른다"고 말할 수 있는 용기

여러분은 모르는 게 있을 때 용기 있게 질문하는 편인가요? 파울루는 한때, 특히 중학교 때 질문하는 걸 가장 어려워했다고 해요.

"잘못된 질문을 하지는 않을까, 혹은 필요 없는 질문을 하는 건 아닐까 걱정됐어요. 그래서 궁금한 게 있어도 입을 꾹 다물고 있는 경우가 많았죠."

파울루는 중학교에 뒤늦게 입학했기 때문에 반 친구들보다 서너 살은 많았어요. 윤택한 환경에서 자란 아이들 틈에서 배움마저 뒤처지고 있다는 불안감이 늘 있었죠. 궁금한 것이 있어도 조롱거리가 될까 봐 바로바로 질문하지 못했어요. 대신 좀 더 편하게 느끼는 몇몇 선생님들에게 따로 찾아가 궁금증을 해결했지요.

브라질의 교육자 세르지우 기마랑이스는 《Partir da infância (유년 시절로부터 출발하다)》에서 파울루에게 이런 질문을 던졌어요.

"하지만 당신의 지금 모습은요? 세계적인 교육자인 데다, 고등학교를 졸업하자마자 같은 학교의 교사로 채용되지 않았나요? 질문하는 게 두렵다면 학생들의 질문을 받기도 쉽지는 않았을 텐데요."

"그러게 말입니다. 선생으로서는 사실 두려움이라고 할 만한 걸 느껴 본 적이 없어요. 아니, 더 정확히 말하자면, 저는 선생으로서 무척이나 용기를 낸 거였어요. 이를테면 학생이 한 질문의 답을 모를 때 변명하지 않고 모른다고 대답하는 용기 말입니다."

파울루는 담담하면서도 소신에 차서 말했어요.

"하지만 '모른다'고 하면 학생들이 당신을 무능하다고 생각하지 않을까요?"

세르지우의 질문에 파울루는 망설이지 않고 대답했어요.

"글쎄요, 그럴 수도 있겠죠. 하지만 저는 오히려 모른다는 사실을 인정했을 때 제 자신에게나 학생들에게 떳떳할 수 있었습니다. 또 나를 위해, 학생에게 답을 해 주기 위해 더욱 공부함으로써 더 많은 것을 배웠죠. 그 결과요? 적어도 제가 느끼기엔 뭔가 기대감을 안고 저를 찾았던 이들이 제가 '모른다'는 걸 솔직히 말했다는 이유로 제게 등을 돌리진 않은 것 같군요."

당신이 그렇게 말하는 근거는 무엇입니까?

한번은 파울루는 그와 친분이 있는 당시 상빠울루 대학교의 세우수 베이지에제우 교수와 담소를 나누게 되었어요. 그러던 중 세우수는 언젠가 브라질의 교육에 관한 토론에 참여했다가 어떤 젊은 참석자가 파울루의 사상과 저작을 깎아내렸던 일을 떠올렸지요. 그 젊은이는 파울루의 이론과 책들은 더 이상 교육에 대한 논쟁에서 쓸모없다고 얘기하고 있었어요. 궁금해진 세우수는 젊은

이에게 물었어요.

"당신은 파울루 프레이리의 어떤 책을 읽었지요?"

그러자 그 사람은 망설임 없이 이렇게 말했다는 거예요.

"읽은 책은 없습니다만, 그에 관해 쓴 글은 읽었습니다."

이 얼마나 오만하고 부끄러운 태도인가요.

또 이런 일화도 있어요. 1990년대 후반, 파울루가 브라질에 돌아와 정착한 지 꽤 지난 때였어요. 우연히 한 기업가를 알게 돼 대화를 나눴어요. 그 기업가는 대화를 마친 후 웃으며 이렇게 말했어요.

"저는 사실 당신을 브라질의 실패작, 문제아 정도로 생각해 왔습니다."

이는 1960~1970년대 브라질의 언론이 대중에게 파울루를 인식시키던 방식이었어요. 그는 이어 확신에 차서 말했어요.

"당신을 가까이서 알게 되어 기뻤습니다. 당신의 사상으로 전향했다고는 말하지 않겠습니다. 하지만 선생님에 관한 제 생각이 오늘 바뀐 것만은 확실합니다."

사실 파울루는 교육자로서의 삶을 산 이후부터 실제로 수도 없이 앞서 말한 젊은이와 같은 사람들을 만나 봤어요. 그에 대한 파울루의 생각은 이랬어요.

"나는 누군가 나를 비판할 때 전혀 기분이 나쁘지 않아요. 누구든 내 의견에 반대할 수 있고, 그 사람은 내 의견에 대한 정확한 이해와 자신의 논리적인 근거를 가지고 내게 반박할 수 있지요. 하지만 내가 한 말을 제대로 알아보지도 않고 남이 하는 말을 마치 자기 의견인 양 포장해서 거들먹거리는 것은 인정할 수 없습니다."

애매한 태도는 그만, 좀 더 솔직하고 단호해져!

독일 태생의 유대인 철학 사상가 한나 아렌트는 1, 2차 세계대전을 겪으면서 이후 평생을 전체주의와 인간이 지닌 폭력성, 악의 근원에 대해 사유했어요. 아렌트가 내린 결론은 악은 지극히 평범한 사람에 의해 평범하게 행해진다는 것이었어요. 우리가 '악하다'고 생각하는 많은 일이 바로 '생각하지 않음'으로 인한 '우유부단함'에서 비롯된다는 거죠.

'아, 이젠 담배도 술도 끊어야지.'

'이제 ○○ 따라서 다른 친구 괴롭히지 말아야지.'

많은 사람들이 이런 종류의 결심을 수십 번 해 봤을 거예요. 하지만 자신의 행동이 옳은지 그른지에 대한 근본적인 질문과 앞으로의 행동에 대한 단호한 결심이 없으면 다시 그런 상황이 왔을 때 머뭇거리다 똑같은 실수를, 심해지면 범죄까지도 저지르게 되는 거예요.

아렌트의 '생각하지 않음'과 '우유부단함'에 대한 이러한 통찰

브라질에서 인생의 마지막 순간을 불태우다

은 '중립'에 관한 파울루의 확고한 지론을 생각나게 해요. 파울루가 교육자로서의 정체성이 굳어질수록 더욱 확신하고 실천했던, 그리고 다른 사람들, 특히 교육의 주체들이 알기를 바랐던 한 가지는 바로 '교육은 절대 중립적일 수 없다'는 사실이에요.《페다고지》와《희망의 교육학》을 비롯한 그의 여러 저서에서 일관되게 이것을 주장했답니다.

"교육 실천은, 그것이 권위주의적인 것이든 민주적인 것이든 언제나 지향성을 갖습니다."

어떤 가치를 띠고 있게 마련이고, 가치라는 것은 본질상 방향을 갖게 마련이지요. 그래서 그는 교육에 있어 점잖은 척, 평화를 추구하는 척 어떤 입장도 취하지 않거나, 모든 입장을 포용하는 듯한 태도를 보이는 것에 대해서도 이렇게 일침을 가했어요.

"교육에서의 중립은 허구에 지나지 않습니다."

이 말이 다소 어렵고 거북하게 들릴 수 있어요. 하지만 생각해 보세요. 적어도 우리가 교육을 단순히 지식을 전달하는 게 아니라 인간의 총체적인 성숙과 능력을 발달시킴으로써 그 가치를 높이는 과정으로 본다면, 교육에서의 중립이 가능한 것인가 말이에요. 다음의 파울루가 한 말을 어떻게 생각하나요?

"중립의 위치에 선다는 것은 단순히 인생을 사는 편한 방식이 아니라면, 어쩌면 불의를 고발할 것이냐 혹은 두려워할 것이냐 사이에서의 나의 선택을 숨기는 위선적인 방편일 것이다."

나와 다름을 존중하기

파울루는 늘 교육자로서 교육을 받는 사람에게 자신의 관점과 사상을 주입해서는 안 되며, 교육을 받는 사람 스스로 자신과 세상을 읽을 수 있는 능력을 키울 수 있게 도와야 한다고 믿고 실천했어요.

"내 관심은 교육의 정치성과 지향성을 거부하는 것이 아니라, 교육의 이러한 정치성과 지향성을 받아들이는 데 있으며, 나아가 나의 민주주의적 선택과 나의 교육 실천 사이에 완전한 일관성을 지닌 삶을 사는 데 있다. (……) 결코 중립적일 수 없는 교육 실천의 주체 혹은 행위자의 한 사람으로서 나의 윤리적인 의무는 사상과 입장의 차이를 존중한다는 것을 표명한다는 것이다."

조금 어렵나요? 온전한 인간으로서 교사는 자신의 윤리·사상적 입장이 있을 것이고, 로봇이 아닌 이상 교사라는 역할을 수행할 때 그런 것들을 완벽하게 배제하거나 숨기고, 사실만을 가르치거나 반대의 관점을 학생들에게 주입하지는 않겠지요. 파울루가 찾은 가장 정직하고 바람직한 교육자의 역할은 자신의 입장을 숨기지도, 강요하지도 않으면서, 다양한 관점과 의견들을 '존중'하는 것이었어요. 심지어는 반대 의견을 가진 상대와의 관계에 대해서

브라질에서 인생의 마지막 순간을 불태우다

도 이렇게 말했어요.

"내가 진지하고 정열적으로 싸우는 대상인 반대 견해마저도 존중해야만 한다."

교육과 정치라는 중요한 '가치'를 핵심으로 하는 분야에서의 중립이 허구라고 주장하는 파울루에게 상대가 '반대' 관점을 가지는 것은 당연한 일이었을 테니까요.

파울루는 확고한 가치와 소신 있는 개인으로서 공론의 영역에 임한다는 것이 결코 편하고 안전한 길이 아니라는 걸 알았어요. 공인에게는 '공정성'이 요구되는데, 한 사람이 자신의 뚜렷한 관점을 가지고 있을 때 다른 의견을 존중하는 것이 쉬운 일은 아니거든요. 하지만 그는 '중립'을 취하는 안전한 길을 택하지 않았어요. '중립을 취한다'는 말과 '공정하다'라는 말은 결코 동의어가 될 수 없지요. 중립은 말 그대로 기계적인 '중간'이고 '0'의 상태라고 할 수 있어요. 반면, 공정하다는 것은 뚜렷한 방향성을 품고 실천함으로써 가능한 가치고요.

자신의 관점을 분명히 가지면서도 한쪽에 편파적인 혜택을 주지 않는 것은 어려운 일이에요. 오해와 비난도 많이 받을 테지요. 그 점을 잘 알았기에 그는 단호히 말할 수 있었던 거예요.

"최상의 교육은 위험을 무릅쓰지 않고는 이루어질 수 없습니다."

파울루 프레이리, 오늘

손자가 오늘 내게 물었다.

"할아버지는 존재하나요?"

"아직은."

나는 대답했다. 나는 내 후손들의 미래가 아니다.

나라는 사람을 이루는 것은 약간의 과거……

그리고 현재의 많은 것들이다.

파울루 프레이리,
《Paulo Freire: uma biobibliografia(파울루 프레이리: 그의 삶과 저작)》에서

1997년 5월, 76년의 열정적인 삶을 마치고 파울루는 세상을 떠났어요. 그가 이 세상에 남긴 26권의 책과 다양한 글은 여전히 여러 학문 분야에서 권위 있는 참고 문헌으로 쓰이고 있어요. 하지만 실제 삶의 현장에서도 학교와 학문의 영역에서 못지않게, 혹은 그보다 더 생생하게 그의 영향력을 느낄 수 있어요. 또 살아 있을 때처럼 여전히 격렬한 비난을 받고 있기도 하지요. 20세기 사람인 그가 21세기에 남긴 흔적은 무엇인지, 사람들은 그를 어떻게 기억하고 실천하고 있는지 볼까요?

브라질에서 인생의 마지막 순간을 불태우다

파울루 프레이리, 세상과 작별하다

1997년 5월 2일 오전 6시 53분, 상빠울루의 알버트 아인슈타인 병원은 브라질의 위대한 지성의 죽음을 발표해야 했어요. 파울루가 전날 밤 갑작스러운 심장 발작을 일으켜 입원해 수술했지만 끝내 사망한 것이었어요. 파울루의 이 같은 죽음은 그가 생전 자신의 죽음을 두고 한 말을 떠오르게 해요.

"나는 내 생애의 순간순간을 온전히 살아왔습니다. 나는 강렬하게 인생을 살아갑니다. 나는 반쪽짜리 인생을 사는 법을 모릅니다. 내가 아주 강렬하게 죽음을 맞이할 것이라는 걸 예감할 수 있을 정도로요."

그 이튿날은 아바나 대학교에서 수여하는 명예박사 학위를 받기 위해 쿠바로 출발할 예정이었어요. 이날 열린 추모식에는 가족과 친척, 동료, 정치인 등 200여 명의 조문객이 참석했어요. 그중에는 전 상빠울루 시장 루이자 에룽지나, 에두아르두 수플리시 의원, 전 교육부 장관 파울루 따르수 시우바, 전 대통령 룰라(당시는 노조 간부)도 있었지요. 많은 이가 매우 침통한 심정이었을 테지만, 특히 룰라는 감정을 주체하지 못하는 듯 보였어요. 교육의 민주화를 위한 투쟁의 동지를 잃은 깊은 상실감에 그는 동료의 시신 앞에서 한참 동안 눈물을 흘렸어요. 루이자 전 시장 역시 울음을 참지 못한 채 그의 죽음을 애도했어요.

"우리는 우리의 위대한 스승을 잃었고, 그 상실의 정도는 감히 측량할 수도 없을 것입니다."

파울루는 마지막 순간까지 자신이 가진 생명력을 열정적으로 발산했어요. 1997년 4월 10일에는 그의 26번째 책이 출간됐어요. 죽기 불과 약 2주 전인 4월 17일에는 무토지 농민들의 행진에 참여했지요. 다음은 TV PUC와의 마지막 인터뷰에서 한 말이에요.

"나는 내가 아직 살아 있고 이 행진을 함께할 수 있다는 사실에 말할 수 없는 행복을 느낍니다. 오늘의 이 무토지 농민들의 행진은 다른 역사적인 행진들과 세상을 변화시키길 원하는 사랑이 충만한 의지의 발로입니다. 이 행진은 우리 사회가 얼마나 민주화를 갈망하는지를 보여 줍니다."

성공이냐 실패냐

파울루가 75년 인생을 살면서 행한 크고 작은 일들의 성패를 논하는 것은 어려운 일이에요. 고려해야 할 기준들도 많고 평가하는 사람들의 관점도 제각각이니까요. 여기서는 파울루가 자신의 일을 평가하는 방식을 알 수 있는 한 가지 에피소드를 소개하려고 해요.

브라질에서 인생의 마지막 순간을 불태우다

1970년대 《페다고지》는 출간 후 곧 베스트셀러 목록에 오르기 시작했어요. 당시 미국 케임브리지에 머물고 있던 파울루는 하버드 대학에서 콘퍼런스 요청을 받았어요.

"죄송하지만 저는 콘퍼런스 같은 만남은 사절합니다."

여기서 파울루가 말한 콘퍼런스란 학계에서 연구자들이 모여 연구 결과를 일방적으로 발표하고 청중의 참여는 제한적인 만남을 말하는 것이었어요. 대신 그는 다른 제안을 했지요.

"5분에서 10분가량 간략히 제 연구를 보여 주고 청중과 대화하는 방식이라면 받아들이겠습니다."

학교 측은 흔쾌히 받아들였고, 곧 그날이 왔어요. 강당에 들어선 파울루는 1,000명은 되어 보이는 학생들을 보고 당혹스러웠어요. 사회자는 파울루를 소개했고 파울루가 말할 차례가 되었어요.

"안녕하십니까. 저는 오늘 여러분이 생각하는 방식의 콘퍼런스를 하지 않을 것입니다. 대신 저는 두세 가지 문제를 제시하고 여러분과 대화하고 토론할 생각입니다."

그가 이렇게 선언하자 학생들은 술렁거렸어요. 곧 청중의 반이 강당에서 나갔고, 절반만 자리를 지키고 있었지요. 침묵이 흘렀어요. 애초에 각오한 일이었지만 파울루에게도 용기가 필요했지요. 파울루는 남아 있는 학생들과 '대화'를 시작했어요. 결과는 어땠을까요?

파울루 프레이리, 삶을 바꿔야 진짜 교육이야

그날 모든 순서가 끝나자 학생들은 앞으로 나와 파울루에게 악수를 청했어요. 한 학생은 이렇게 말했지요.

"파울루 박사님, 저는 얼마 전에 읽은 박사님의 책《페다고지》를 오늘 더 잘 이해할 수 있었습니다. 책에서 박사님께서 말씀하신 내용을 오늘 택하신 방식을 통해 비로소 정확히 이해했습니다. 박사님은 책을 팔기 위해 어떤 광고도 하지 않으셨고 오만하지도 않으셨지요. 그저 전통적인 방식의 콘퍼런스를 하지 않고, 몇 가지 문제를 제시한 후 대화할 거라고 하셨을 뿐입니다. 비록 콘퍼런스에 참석했던 인원의 절반은 자리를 떴지만 그로 인해 망친 것은 아무것도 없었지요!"

그 사건은 파울루가 경험한 최대의 거절이자 실패이기도 했지만, 한편 가장 짜릿한 성공이기도 했어요. 참고로 그의 책은 그 뒤로도 전 세계에서 꾸준히 팔렸고, 그가 참석한 여러 학술회의는 늘 그의 말을 듣고 대화하고 싶어 하는 사람들로 꽉 찼답니다.

여기서 하고 싶은 말은 성공이냐 실패냐는 물질적인 측면에서 정확하게 측정할 수 있는 것이 아니라는 거예요. 중요한 것은 각자 삶의 주인의 기준이 아닐까요? '당신의 눈으로 세상을 보고 해석하며, 그에 따라 당신의 삶을 사십시오. 그리고 다른 사람들도 그렇게 할 수 있음을 인정하십시오. 이 과정에서 자신과 인류를 사랑하고 존귀하게 여기는 마음은 큰 동력이 될 것입니다.'라는

브라질에서 인생의 마지막 순간을 불태우다

메시지를 얻을 수 있다면, 파울루는 아마 그걸 성공으로 여기지 않을까요?

왜 브라질은 여전히 교육 열등생일까?

2015년 OECD가 실시하는 국제학업성취도평가에서 전체 70개국 중 63위, 이코노미스트 인텔리전스유닛의 교육의 질 평가에서 40개국 중 39위. 교육의 질을 평가하는 세계의 여러 평가에서 브라질의 성적은 하위권에 머물고 있어요.

국내적으로도 브라질의 교육이 많은 문제점을 안고 있다는 걸 보여 주는 지표는 많아요. 2014년 IBGE 조사에 따르면, 여전히 문맹률이 10% 가까이 돼요. 기능적 문해율, 즉 자신이 읽고 쓰는 것이 무슨 뜻인지 이해하지 못하고, 각 분야와 상황에 맞게 말하고 쓰지 못하는 사람의 비율은 30%에 육박해요. NGO 단체 Todos pela Educação(모두함께교육을)이 실시한 조사에 따르면 고등학교 3학년에 재학 중인 학생들 중 각 21.3%와 5%가 학년에 적합한 포르투갈어와 수학 실력을 갖추고 있지 못해요. 극심한 지역 편차까지 생각하면 실상은 더욱 심각하지요. 물론 최근 교육, 특히 기초교육 실태 개선을 위한 노력을 하고 있고 많은 성과가 있기도 했어요. 하지만 지금 이 상태로라면 전반적인 교육 실태 개선을 골자로 하는 정부의 10개년 국가교육계획(2014~2024)을 성공적으로 실현하기는 어렵다는 데 다수가 동의해요.

아니 도대체 이게 어떻게 된 일이냐고요? 교육의 대부로 여겨지는 파울루 프레이리를 낳은 브라질인데 말이죠. 어떤 사람들은, 특히 브라질 내부에서는 지금의 브라질의 교육 현실을 보고 노골적으로 파울루를 비난하기도 해요. 전 세계를 놀라게 했던 2015년 3월의 반정부 시위자들이 든 현수막에는 파울루를 비난하는 문구들이 등장하기도 했어요. 특히 2002년 이후 노동자당의 룰라와 지우마가 집권하면서 브라질의 사회정책이 지나치게 경제적 약자층에 집중됐다는 불만이 최고조에 달하면서, 그러한 비난도 거세졌지요.

한편 그 반대의 목소리도 있어요.

"브라질은 한 번도 파울루 프레이리를 적용한 적이 없습니다."

브라질의 역사가이자 교육학 박사 조제 에스따끼우 호머웅은 단호하게 말해요.

"그는 여러 대학에서 특별한 문구로, 도서관의 이름으로, 강의실의 이름으로 등장합니다."

세계의 많은 나라가, 특히 제3세계의 국가들이 국가적 차원에서 파울루의 이론과 방법을 빌린 프로젝트를 실시했지만, 유독 브라질에서만큼은 부분적이고 상징적인 활용에 그쳤다는 것이지요.

브라질에서 인생의 마지막 순간을 불태우다

단순한 문맹 퇴치 전문가로 그의 사상과 활동을 축소하거나 그저 국제적 명성을 가진 교육자의 이름만 강의실의 간판으로 내걸거나 하는 식으로요. 이 점에 대해 그의 딸 파치마는 파울루 프레이리와 세르지우 기마랑이스의 책 《Partir da infância(유년 시절로부터 출발하다)》에서 이렇게 말했어요.

"저는 학교들보다는 여러 대중운동에서 아버지의 영향력을 훨씬 더 강하게 느껴요. (……) 학교 안에서 제가 볼 수 있는 것은 간혹 교사들이 개인적으로 그를 응용하려고 노력하는 것이죠. 일례로, 얼마 전 상빠울루시 인근에 있는 알파빌리Alphaville라는 부촌에 수업을 하러 갔는데, 그 학교의 교장 선생님이 파울루 프레이리의 일과 삶에 무척 매료된 분이었어요. 하지만 그뿐이었지요."

호메우 박사의 말처럼 실제 브라질이 역사상 장기적으로, 또 전국적으로 파울루의 방법을 따랐다고 볼 수 없는 것도 사실이에요. 하지만 다양한 교육의 주체들이 실제 그의 이름을 내걸었을 때조차도 얼마나 충실히 적용했느냐를 판단하는 것은 결코 단순한 일이 아닐 거예요. 여기서 말할 수 있는 것은 파울루 자신이 인식한 것처럼 그의 사상이나 방법이 브라질, 혹은 다른 나라의 교육 문제에 대한 무조건적이고 절대적인 해답은 아니라는 거예요. 그가 제안한 것은 깨어 있는 지식인들이 공감하는 '이 시대 많은 문제의 근원이 교육에 있고 이 교육의 주체는 정부가 아니라 사회 구성원 전체다'라는 것인데요. 과연 이 반박할 수 없는 제안이 얼마나 충실하게 지켜지고 있느냐는 말이죠.

21세기의 파울루 프레이리

"연방정부, 브라질의 교육자 파울루 프레이리에 대해 정치 사면 판결"

이 소식은 2009년 11월 브라질의 신문들을 장식했어요. 1980년 귀국할 당시의 사면은 '죄는 지었으나 과거를 묻지 않겠다'라는 의미의, 단순히 추방 조치가 해제된 소극적 사면이었어요. 그런데 이제 정부가 과거 국가가 파울루에게 저지른 잘못을 인정하고 그에 대해 유가족에게 용서를 구하는, 적극적으로 그의 교육자로서의 존엄과 지위를 회복시킨 것이었어요.

여전히 그를 반대하는 이들은 많지만, 그가 떠난 지 20년이 지난 지금도 그 영향력은 계속되고 있어요. 전 세계적으로 교육학과 철학은 물론 신학, 인류학, 사회학, 역사학, 정치학을 비롯해 언론학, 사회사업, 생태학, 약학, 미술과 음악, 체육 등에 이르기까지 방대한 분야에서 그를 인용하고, 재해석해 실천하고 있어요.

앞에서 본 것처럼 국가 · 제도적인 차원에서는 아니지만 브라질도 예외는 아니에요. 상빠울루에 있는 파울루 프레이리 연구소는 상빠울루 주의 재활용 쓰레기 분리, 수거에 종사하는 자들을 대상으로 포르투갈어 반을 운영하고 있어요. 연구소는 문해 교육 외에도 그들이 몸담은 현실, 그들이 하는 일의 맥락을 스스로 이해하도록 돕는 일을 하지요. 그들이 자신을 귀하게 여기고, 또 이 사회의 어엿한 구성원으로 인정받을 수 있도록 하는 것이 수업의 궁극적인 목표예요. 다음은 수업에 참석한 한 여성의 말이에요.

"새로운 배움의 방식이에요. 학교에 다닐 때는 배우지 못했지요. 8학년까지 마쳤지만, 여기서 배우는 많은 것은 학교에서는 가르쳐 주지 않았던 거예요."

그녀는 수업에서 무엇보다 큰 수확은 바로 자존감 회복이라고 말해요.

"전에는 사람들의 편견에 어떻게 대처해야 할지 몰랐어요. 이젠 사람들이 제게 멸시하는 투로 '당신은 쓰레기 줍는 일을 하는군요?'라고 하면 저는 '아니오. 제가 하는 일은 쓰레기를 재활용하는 거예요. 쓰레기는 당신이 집에서 만드는 거고요.'라고 정정해 준답니다."

파울루의 방법은 음악에서도 응용되고 있어요. 음악가이자 교사인 에스떼버웅 떼이셰이라는 음악 교육에 있어 새로운 접근법으로 어린 학생들과 살아 있는 음악 수업을 만들어 가고 있어요.

"악기는 우리 각자의 내면에 있는 음악을 전달하기 위한 교통

수단이에요. 아이들이 먼저 여러 소리를 듣고 '아, 이 음은 더 뾰족하구나', '이 음은 좀 웅장하네' 하는 식으로 직접 음의 차이를 알아 가는 것은 정말 중요합니다. 종이로 음악을 이해하기 전에 말이지요."

열 살도 되지 않은, 이제 막 음악을 배우기 시작하는 아이들과 만들어 가는 그의 수업은 정말 특별해 보여요. 잔디밭에는 다섯 명도 안 되는 어린아이들이 앞에 멜로디언을 하나씩 놓고 둘러앉아 있어요. 그리고 그는 학생들을 마주 보고는 각기 다른 옥타브의 '솔'이 내는 소리가 어떻게 다른지 직접 플루트를 불면서 설명해 주고 있어요. 옆에 있는 작은 멜로디언으로는 각 '솔'이 어떤 건반인지를 보여 주면서요.

"얘들아, 잘 보렴. 지금 내가 부는 이 '솔'은 조금 굵지? 이건 어떠니? 방금 분 '솔'보다 더 가늘어졌지? 자, 더 높은 '솔'을 들어 볼까? 꼭 새가 지저귀는 것 같지 않니?"

선생님의 생생한 설명을 듣고, 또 '보는' 아이들의 눈은 그야말로 반짝반짝 호기심으로 빛나요.

이 외에도 파울루가 믿고 실천했던 것들을 응용하고 있는 분야는 무척 많아요. 그는 20세기에 태어나 20세기에 세상을 떠났지만, 아직도 전 세계에서 그의 영향력은 현재 진행형이랍니다.

파울루 프레이리처럼

교육자를 꿈꾼다면

'교육'과
'교육자'란 무엇일까요?

흔히 '교육자'라고 하면 교사나 교수 등의 직업을 가진 사람을 떠올리지요? 하지만 교육자는 그보다 훨씬 더 광범위한 개념이랍니다. 《교육학 용어사전》에 따르면 '교육자'는 교육 관련 일에 종사하고 있는 사람들을 통칭하는 말이에요. 좁게는 직업이란 형태로 교육계에 몸담고 있는 사람들은 물론이고, 넓게는 다양한 방식으로 사회에서 교육적 영향을 주는 사람들도 교육자라고 말하지요. 구체적으로 어떤 분야의 지식과 기술을 전달하는 일, 개인의 능력을 발굴하고 계발하는 것을 돕는 일, 또 이 모든 것보다 먼저 이뤄져야 할 도덕과 윤리 의식을 일깨우고 인격을 바르게 형성하도록 인도하는 것도 교육자의 역할이에요.

여기서 잠깐 '교육'의 의미를 짚고 넘어가 볼까요?

우선 동양에서는 맹자가 '교육'을 군자의 세 가지 즐거움 중 하나로 꼽았는데요. '가르칠' 교敎와 '기를' 육育이란 의미를 가지고 있어요. 한편, 이 말에 해당하는 영어의 education이나 포르투갈어 educação은 라틴어 동사인 'educare/educere'에 뿌리를 두고 있는데 접두사 ex밖와 ducare/ducere이끌다, 꺼내다, 데려가다, 지도하다가 합쳐진 말이에요. 즉, educare는 '밖으로 이끌어내다', '밖으로 방향을 잡아 주다'를 뜻해요. 동서양에서 말하는 교육의 의미나 방식에는 다소 차이가 있지만, 궁극적으로는 지식과 인격 면에서 미숙한 상태의 인간이 성숙해지도록 돕는 것을 뜻한다고 이해할 수 있어요.

자, 그럼 앞서 말한 교육, 나아가 교육자가 어떤 사람인지 좀 더 분명해졌나요? 이렇게 볼 때 우리 사회의 모든 영역이 교육과 무관하지 않고, 교육을 수행하는 주체도 다양하다는 것을 알 수 있어요.

파울루 프레이리처럼 교육자를 꿈꾼다면

교육과 관련된
직업 및 경로

넓은 의미에서의 교육이라는 것에 접근할 때 비로소 교육과 관련해 어떤 일을 할 수 있느냐 하는 질문에도 좀 더 폭넓게 대답할 수 있어요. 이제 '직업'이라는 형태로 교육이 이뤄지는 경우를 살펴볼까요?

영유아교육, 초등 및 중등 교육과정 교사

우리가 가장 먼저 떠올릴 수 있는 직업이 아마 고등학교 과정까지의 교사가 아닐까 해요. 만 5세까지의 영유아는 교육과 함께 보육이 필수적으로 요구되지요. 이 단계도 크게 0세부터 3세까지의 영유아를 담당하는 어린이집과 5세까지의 초등학교 취학 전 연령에 있는 유아를 담당하는 유치원 교육으로 나뉘게 되고요. 초등학교부터 고등학교 과정으로 갈수록 다양한 분야의 학습이 체계적으로 이루어지는데, 특히 중학교부터는 학생들이 각 분야를 전공한 여러 명의 교사로부터 교육을 받게 돼요.

따라서 교사가 되려는 사람은 교육 대상의 이런 연령별 특성과 필요를 고려하여 준비할 필요가 있어요. 교사의 경우 다른 교육 분야 직업보다 자격을 갖추는 과정이 비교적 분명하다는 특징이 있어요. 대개 교육 기관이 사립이냐 국공립이냐에 따라 선발 방법이 달라져요. 국립의 경우에는 유치원이라면 대학에서 유아교육과를 졸업해 정교사 2급 자격증을 취득 후 임용고시에 합격해야 해요. 초등교사도 마찬가지로 교육대학교 졸업 후 주어지는 초등 2급 정교사 자격증을 받아 임용 고시에 합격해야 될 수 있지요. 중등교육은 이와 달리 일반 대학교 일반 학과에서 교직을 이수하거나 사범대학 또는 교육대학원 졸업 후 해당 전공 과목으로 정교사 자격증을 취득한 후에 임용 고시를 거쳐 교사가 될 수 있답니다.

고등 교육 기관 교수

고등 교육은 학교 교육의 가장 높은 단계에 해당하는 교육으로, 2~3년제의 전문대학, 4년제 교육 및 일반대학, 대학원 교육이 여기에 속해요. 요즘에는 이 외에도 기술대학, 사이버대학 등 각종

파울루 프레이리처럼 교육자를 꿈꾼다면

교육 기관이 존재하지요.

고등 교육 기관의 교수는 특히 특정 분야에 대한 전문성을 갖추고 있어야 해요. 여러 경로가 있겠지만, 일반적으로는 대학원 기간 동안 전공 분야에 대한 논문을 작성하고 '석사'와 '박사'라는 자격과 함께 졸업함으로써 교수가 되기 위한 준비를 할 수 있어요. 각 나라에 따라 차이는 있지만, 대개는 박사 이상의 자격이 있어야 교수직 채용에 응시할 수 있는 자격이 생겨요.

학부와 대학원 과정 내내 한 분야를 전공해도 좋겠지만, 서로 관련 있거나 전혀 달라 보이는 분야를 전공해 접목함으로써 그 분야의 전문가가 될 수도 있어요. 시간이 흐르면서 신생 학문이 생겨나고 또 기존의 분야 간의 융합이 활발히 이루어지고 있어요. 그렇기 때문에, 어떤 분야의 전문가가 될 것인지, 어떻게 두 개 이상의 분야를 독창적으로 연결할지에 대한 고민을 평소에 계속해 나간다면, 대학 때부터 집중할 분야를 전략적으로 선택할 수 있겠지요?

기억할 것은, 교수는 학생들을 가르치고 지도하는 것 외에도 자신의 분야에 대한 지속적인 연구를 해야 된다는 거예요. 기존의 지식을 답습하고 전달하는 것이 아니라 그것을 비판적으로 받아들이고, 새로운 지식과 관점, 해석으로 학문의 발전에 기여할 의무가 있지요.

교육 행정가

사실 '교육 행정가'라는 명칭은 교사나 교수처럼 정형화된 명칭은 아니에요. 소속 기관이나 중심 업무에 따라 흔히 교육공무원, 교육정책가 등으로 부르는 직업도 크게 여기에 속한다고 할 수 있지요. 《교육학 용어사전》이 정의하는 개념을 간추려 말하면 '교육 행정'은 교육 활동을 위한 행동, 즉 교육에 관계되는 조직에서 교육 목표를 효과적으로 달성하는 데 필요한 인적 및 물적 요소를 조직·통제·관리하는 전반적인 지원 활동을 말해요. 현대에는 과거 입법 때문에 수립된 정책을 단순히 '집행'한다는 개념에서 벗어나 올바른 교육 정책이 수립될 수 있도록 참여하는 활동까지 포함하는 보다 확대된 개념으로 이해되고 있어요.

'교육 행정'과 '교육 경영'을 키워드로 검색해 보면 다소 전문적이긴 하지만 참고할 수 있는 책들을 많이 찾을 수 있으니, 그중 한 권을 선택해서 읽어 본다면 이 직업에 대한 감을 잡을 수 있을 거예요.

교육학자

교육학자가 어떤 직업인지 말하려면 먼저 교육학이 어떤 학문인지 이해해야겠지요. 간단히 말해 '교육'이라는 행위와 현상 자체에 대한 이론을 체계적으로 연구하고 정립하는 학문을 교육학

파울루 프레이리처럼 교육자를 꿈꾼다면

이라고 할 수 있어요. 19세기 독일의 철학자인 헤르바르트는 서구에서 '교육학pedagogy'이라는 용어를 처음으로 사용하고 교육학을 근대적 의미의 학문으로 정립한 인물로 인정받고 있지요. 흔히 교육학이라고 하면 교사가 학생을 가르치는 기술적 방법, 그에 대한 연구, 이른바 교수법만을 떠올리기 쉽지만 이는 교육학의 범위 중 일부에 지나지 않아요. 앞서 말한 넓은 의미의 '교육'을 이해한다면 교육학, 교육학자가 하는 일에 대해서도 보다 제한 없이 이해할 수 있을 거예요.

세부 학문 분야로는, 먼저 기초학문의 방법론에 따라, 즉 어떻게 접근하느냐에 따라 교육철학, 교육사, 교육사회학, 교육인류학, 교육심리학, 교육행정학 등을 들 수 있어요. 교육 행위 또는 활동을 기준으로 할 때는 교육목적론, 교육과정, 교육평가, 교육측정, 교육상담, 학교경영, 학급경영, 교수법, 교육정책, 장학론 등의 분야로 구분할 수 있어요. 마지막으로, 교육 체제에 따라 학교교육론과 사회교육론으로 나뉘는데, 그중 학교교육론은 초등교육론, 중등교육론, 고등교육론, 유아교육론, 특수교육론 등으로 구분할 수 있답니다. 이러한 학문 분야 분류와 학제는 각 사회의 역사, 현대 사회의 문제, 현상 등 여러 요인에 따라 그 명칭이나 분류에 차이가 있을 수 있어요.

교육학이 교육 자체에 대한 학문적 접근인 데다 교육 분야의 다양한 직업들의 틀로 작용하는 만큼 근본적이고도 넓은 의미에서 교육을 이해하고 탐구하는 자세야말로 교육학자가 되기 위한 요건이 아닐까 해요.

해외 구호 활동

인간이 존엄하게 살아가기 위한 기본 요건인 의식주가 온전히 공급되지 않는 세계의 여러 지역에서 펼치는 해외 구호 혹은 원조 활동에서 의식주에 못지않게 시급한 지원이 필요한 분야는 바로 교육일 거예요. 의식주의 필요를 당장 채워 주는 것도 중요하지만 구호나 원조의 근본적이고 장기적인 목표는 바로 그 지역의 주민들이 자립할 수 있게 지원하는 것이니까요. 단순한 물질적 원조는 단기적일 뿐 아니라 수혜 지역의 부패한 정부로 인해 도움이 필요한 이들의 손에까지 닿지 않는 경우도 많다는 점을 기억할 때, 교육 원조의 중요성은 더 분명해지지요. 물론 그 지역의 문화와 사고 체계, 전통을 존중하는, 그들이 주체가 되는 교육이 되어야겠지요. 원조를 받는 이들의 입장에서 보는 원조에 대한 시각을 풀어낸 아프리카 잠비아 출신의 경제학자 담비사 모요가 쓴 《죽은 원조》와 같은 책을 읽어 보는 것도 원조나 구호활동에 대한 쌍방향적인 시각을 갖는 데 도움이 될 거예요.

교육 원조는 여러 방법, 여러 주체에 의해 이루어질 수 있어요.

파울루 프레이리처럼 교육자를 꿈꾼다면

정부나 기업, 민간 단체들이 필요한 자금을 직접 지원할 수도 있고, 그 지역의 교육 시설 재건 및 확충을 주도할 수도 있겠지요. 행정가부터 교사까지 교육의 여러 분야에 관계된 전문 인력을 파견할 수도 있고요. 그 외에도 인턴이나 봉사대원의 자격으로 현장에 참여해 할 수 있는 일은 다양해요. 인류를 향한 관심과 사랑이 있다면 '내가 어떤 일을 할 수 있을까?'에 대한 대답은 아마 무궁무진할 거예요. 지금 당장 내가 전문가가 아니어도 말이에요. 요즘에는 해외 구호 활동을 펼치는 단체들도 다양하니 직접 홈페이지나 단체를 방문해 지금 당장 또는 앞으로 실천할 수 있는 교육 구호활동은 무엇인지 알아보는 것도 도움이 되겠지요? 대표적인 단체들로는 한국국제협력단, 월드비전, 컴패션 등이 있어요.

교육 분야에서 활동하려면
어떻게 준비해야 할까요?

이쯤 되면 이 질문에 대해 스스로에게 조금은 더 유연하고 자유롭게 대답할 수 있지 않을까 생각해요. 구체적인 관심 분야, 직업에 따라 세부적인 준비 방법은 다르겠지만, 일반적으로 각 분야의 전문가가 되기 위한 훈련을 받고 자격을 갖추는 과정을 밟아야겠지요. 중요한 것은 각 직업군이 정해 놓은 선발 과정에 응시하거나 다른 경로를 통해 '자격'이란 것을 갖게 되어도 그것이 끝이 아니라 그 분야의 전문가로 인정받기 위해 계속 공부하며 경력을 쌓아 가야 한다는 거예요. 각자의 분야에서 어떻게 전문성을 갖추느냐는 각자가 탐구하고 겪으면서 터득해야겠지요? 전문성을 갖추

파울루 프레이리처럼 교육자를 꿈꾼다면

라는 말이 일찍부터 한 분야만 파라는 의미는 아니에요. 내가 무엇에 끌리는지, 무엇을 잘할 수 있는지를 알려면 여러 환경, 분야에서 경험해 보는 게 먼저겠죠? 그러니 열심히 세상과 만나고, 또 열심히 사유하라고 말하고 싶어요.

끝으로 분야와 상관없이 교육 분야에 종사하려는 사람이 공통적으로 갖춰야 할 능력이나 마음가짐에 관해 이야기하고 싶어요. 먼저, 교육은 다른 사람들과의 관계를 전제하기 때문에 '소통' 능력을 쌓으라고 말하고 싶어요. 자신이 무언가에 대해 잘 아는 것과 그것을 남에게 전달해 이해시키고 공감시키는 것은 별개의 능력이에요. 물론 모든 교육 분야 종사자들이 현장에서 말을 통해 다수의 사람에게 지식을 전달하는 일을 하는 것은 아니에요. 이를테면 교사나 교수처럼 말이지요. 이런 직업을 가진 사람들은 물론 말로 이루어지는 소통에 더욱 힘써야겠죠. 하지만 꼭 그런 직업이 아니더라도 교육이 대상을 이해하고, 스스로 판단하도록 돕고, 나아가 희망과 꿈을 가지도록 도전 의식을 심어 주는 일을 한다고 볼 때, 어떤 식으로든 소통의 능력을 기르는 것은 꼭 필요해요.

한 가지 덧붙이자면, 교육과 관련한 일을 하는 사람들은 '남 좋으라고 공부한다'는 신념과 자세를 가지고 있어야 한다고 생각해요. 그렇게 할 때 결국 정말로 나에게도 좋은 공부가 되는 게 아닐까요?

교육의 거장들

  교육의 거장으로 꼽히는 인물들의 사상을 미리 접해 보는 것
도 도움이 될 거예요. 참고로 그들 중 많은 이들이 철학과 심리
학과 같은 분야의 권위자이기도 해요. 서양에서는 장 자크 루
소(1712~1778), 임마누엘 칸트(1724~1804), 요한 하인리히 페스탈로치
(1746~1827) 등을 들 수 있어요. 한편 동양에서는 오랜 역사에 걸
쳐 서양과는 다른 개념의 교육 문화를 정립해 왔지요. 동양 사
상의 스승이라 불리는 중국의 공자와 맹자, 이황(1501~1970)과 이이
(1536~1584), 정약용(1762~1836)도 한국의 교육 역사에서 빼놓을 수 없는
이름들이에요. 물론 이 같은 고전들과 함께 존 듀이(1859~1952), 장
피아제(1896~1980)에서부터 이반 일리치, 조너선 코졸(1936~) 등과 같

파울루 프레이리처럼 교육자를 꿈꾼다면

이 대안 교육을 제시하는 현대 교육 사상가들에게도 주목해야겠지요.

사실 저는 각자의 분야에서 열심히 활동하고 있는 사람들 모두가 교육을 실천하고 있다고 믿기 때문에 단 몇 명의 훌륭한 교육자를 꼽는다는 것이 무척 조심스러워요. 하지만 교육의 거장이라 알려진 대표적인 인물들을 살펴봄으로써 교육이라는 것의 본질과 목적에 대해 근본적으로 생각해 볼 수 있을 거라 생각해요. 오늘날 누구나 교육의 중요성, 그 내용과 방향, 방식에 있어서 변화의 필요성을 외치지만 도대체 올바른 교육의 방향과 방식은 무엇이어야 하는지 매우 혼란스럽고 공허하게 느껴져요.

다음에 소개되는 인물들, 또 여러분이 알고 있는 훌륭한 교육자들의 삶을 통해, 지금 한창 배움의 시기에 있는 여러분이 어떤 마음으로 이 시기를 살아내야 할지 생각해 보는 계기가 되길 바랍니다.

신사임당 1504~1551

먼저 사임당에 관해 이야기해 볼까요? 여러분은 신사임당을 어떤 인물로 알고 있나요? 천재적 재능을 지닌 조선 시대의 화가? 율곡 이이의 어머니? 대한민국 화폐 최고액권인 오만 원권의 주인공? 신사임당은 16세기의 인물이지만 500년이 훌쩍 넘은 최근에도 사임당의 삶을 재해석해 퓨전 사극이라는 장르로 제작할 만큼 한국 사회에서 중요한 위상을 차지하고 있어요. 얼마 전에 종영된 드라마 〈사임당, 빛의 일기〉에서 밝힌 기획 의도는 '현모양처라는 박제된 이미지의 신사임당의 틀을 깨고 여자로, 예술가로 시대의 한계를 극복하기 위해' 끊임없이 노력한 한 사람을 보여 주는 것인데요. 우리 시대 사임당이 예술가보다는 훌륭한 자녀 교육자, 특히 이이의 어머니로 많이 알려져 있기에 충분히 공감되는 의도지만, 사실 그녀의 이런 두 모습은 따로 떼어놓고 말하기 어렵다고 생각해요. 한 여자로서, 사람으로서 자신의 삶에 최선을 다하고 재능을 살리는 모습 그 자체가 자녀에게는 최고의 교육일 테니까요. 그래서 개인적으로는 드라마의 기획 의도도 잘 전달되었겠지만, 방영 후 자녀의 첫 번째 교육자이자 평생 영향을 미치는 어머니로서의 사임당에 대한 평가는 배가되지 않았을까 생각한답니다. 실제로도 그 여파인지 사임당을 재조명하는 책들이 눈에 띄게 많아졌더군요.

파울루 프레이리처럼 교육자를 꿈꾼다면

요한 하인리히 페스탈로치 Johann Heinrich Pestalozzi(1746 ~ 1827)

요즘 들어 한국 사회에서는 한국식 교육의 약점, 폐해에 대한 비판의 목소리가 늘어나면서 스위스식 교육에 많은 관심을 가지게 됐지요? 페스탈로치는 바로 스위스 교육자로 18세기와 19세기에 걸쳐 활동했어요. 어릴 때 신학과 법률을 공부하기도 했지만, 이후 접하게 된 장 자끄 루소의 《에밀》에 크게 감화되어 평생을 교육 사업에 헌신했어요.

페스탈로치의 교육관은 인간성의 조화로운 발달이었어요. 루소의 자연주의 교육관이 그에게 큰 영향을 미친 건 맞지만, 어떤 측면에서는 루소와 뚜렷이 반대되는 관점을 취했답니다. 먼저, 루소가 인간 능력 발달에 미치는 교육의 역할에 있어 소극적 입장을 취했던 반면, 페스탈로치는 교육이 인간의 능력을 계발할 수 있다는 칸트의 입장에 더 공감했어요. 또 루소는 개인 중심의 교육에 초점을 맞추었지만, 페스탈로치는 사회의 구성원으로서의 개인, 이 둘의 상호 작용을 중요하게 생각했지요. 교사로서 그는 교사의 역할이 더 적극적·능동적이어야 한다고 믿었고, 무엇보다 그의 교육의 실천적 측면을 강조하며 그 자신이 그런 삶을 살았어요.

그러나 페스탈로치의 교육관에서 가장 돋보이는 것은 바로 '사랑'이었어요. 그는 교육에 있어 사랑이 얼마나 중요한지를 알고 몸소 실천했답니다. 오늘날 당연하게 인식되는 유아교육과 가정교육의 중요성을 널리 알리는 데는 바로 그의 공로가 컸지요. 또한 평생 빈부와 계급의 차이 등에 관계없이 모두가 평등하게 교육받을 수 있는 세상을 만들고자 노력했어요. 그의 이 같은 열정은 교육이야말로 사회개혁의 도구라는 믿음에 기인한 것이었지요.

페스탈로치의 사상은 그의 영향을 받은 독일의 교육자이자 유치원의 창시자로도 알려진 프뢰벨을 비롯해 각국의 대표적인 교육자들을 통해 후세대에도 알려져, 현대 유아교육은 물론 청소년 교육 철학의 기초로 작용하고 있답니다.

헬렌 켈러 Helen Keller(1880~1968)

"어떤 기적이 일어나 내가 사흘 동안만 볼 수 있게 된다면 (……) 먼저 어린 시절 내게 다가와 바깥세상을 활짝 열어 보여 주신 사랑하는 앤 설리번 선생님의 얼굴을 오랫동안 바라보고 싶습니다. 선생님의 얼굴 윤곽만 보고 기억하는 데 그치지 않고 그것을 꼼꼼히 연구해서, 나 같은 사람을 가르치는 참으로 어려운 일을 부드러운 동정심과 인내심으로 극복해 낸 생생한 증

거를 찾아낼 겁니다."

이 말은 장애를 딛고 미국의 교육자이자, 작가, 사회사업가로 평생을 헌신한 헬렌 켈러의 에세이 《3일만 볼 수 있다면》의 한 구절이에요. 헬렌은 태어난 지 19개월 됐을 때 큰 병을 앓고 그 후유증으로 보지도, 듣지도, 말하지도 못하게 됐지만 부모님이 가정교사로 모셔온 앤 설리번 선생님을 만나면서 그녀의 삶은 변하게 됐어요. 헬렌의 곁을 충실히 지키며 그녀를 가르치기 위해 온 삶을 바친 앤의 노력으로 헬렌은 대학까지 마칠 수 있었지요. 졸업 후 헬렌은 문학 작품 집필과 장애를 가진 이들을 위한 모금 활동과 제도 마련을 위해 평생을 바쳤어요. 앤은 자신이 세상을 떠날 때까지 헬렌이 이 모든 활동을 하는 데 없어서는 안 될 동반자가 되어 주었고요.

이렇게 간단히 이야기했지만 헬렌에게도 앤에게도 이 과정은 결코 쉽거나 아름답기만 하지는 않았어요. 배움의 과정에서, 그리고 졸업 후 세상 한복판으로 나와 일하는 과정에서 많은 우여곡절과 세상의 조롱 어린 시선도 감내해야 했답니다. 헬렌 켈러와 앤 설리번에 대한 수많은 책이 있지만, 혹 나중에라도 좀 더 객관적이고 비판적인 시각에서 이 둘의 삶을 바라보고 싶다면 도로시 허먼의 《헬렌 켈러》를 읽어 보기를 권해요.

조녀선 코졸 Jonathan Kozol(1936 ~)

이 시대 비판적인 지식인 하면 조녀선 코졸을 빼놓을 수 없는데요. 그는 파울루와 동시대를 산 인물로, 비판적인 사회 의식을 가지고 사회의 부조리와 불평등에 문제를 제기하며, 이의 개선을 위한 적극적인 교육의 역할을 강조했다는 점도 파울루와 무척 닮았지요.

특히 가난하고 소외된 자들과 함께하며 이들의 교육받을 권리를 위해 평생을 바친 그가 하버드 대학교 영문학과를 '숨마 쿰 라우데'(상위 5% 이내)로 졸업하고 옥스퍼드 대학교에 장학생으로 입학한 우등생이었다는 사실은 사뭇 놀라운데요. 이렇게 학문적으로도 뛰어난 역량을 가진 청년이었던 그는 원하기만 하면 학계에서 명성을 쌓으며 안정적인 지식인의 길을 걸을 수도 있었겠지요. 하지만 그는 장학금을 포기하면서까지 작가가 되기 위해 과감히 파리행을 택했어요. 어쩌면 그 순간 그는 이미 안정적인 삶을 내려놓았던 건 아닐까요? 게다가 파리에서 돌아와 그가 처음 한 일은 보스턴의 가난한 흑인 거주 지역에서 공립 학교 4학년 교사가 된 것이었어요. 그 후 그는 줄곧 이 사회의 불평등을 고발하고 그런 현실을 바꾸기 위해 노력해 왔답니다. 몸소 도심 속 빈민가들의 교육 현장에 있으면서 어려운 현실에 있는 청소년들에게 희망을 주는 일 역시 멈추지 않았고요.

그 과정에서 조너선이 쓴 책들은 '쓰는 족족' 권위 있는 상들을 수상하며 그를 명실공히 미국 그리고 세계의 깨어 있는 교육자이자 작가의 반열에 올려놓게 돼요. 《이른 나이의 죽음》, 《레이철과 그녀의 아이들》, 《야만적 불평등》, 《놀라운 은총》, 《젊은 교사에게 보내는 편지》가 대표적이에요. 결국 그의 파리행은 전혀 쓸모없는 게 아니었던 거죠. 문학적 감수성과 통렬한 비판 의식, 그리고 인류애가 조너선이라는 한 사람 안에서 소화되어 나온 글은 그 어떤 글보다 영향력 있는 글로 평가받고 있으니까요.

추천할 만한
교육 관련 도서

노암 촘스키의 생각을 읽자

박우성 지음 | 진선규 그림 | 김영사ON

　이 책은 딱딱하고 읽기 어려운 학자들의 사상과 작품에 접근하기 쉽게 구성한 〈만화로 읽는 21세기 인문학 교과서〉 시리즈 중 하나예요. 이제 곧 아흔이 되는 그는 미국의 언어학자이자 철학자로 역사상 생존하는 가장 중요한 지식인 중 한 명으로 꼽히는 인물이에요.

　이 책에서는 크게 네 가지 현상 혹은 대상에 대한 촘스키의 생각을 보여 주고 있는데요. 구조주의 언어학을 통한 인간 언어의 본질, '악의 축'이라는 말로 다른 나라들을 불량 국가로 규정해 온 미국의 오만함과 뻔뻔함, 세계를 장악하는 거대 기업의 탐욕, 이름뿐인 언론 자유와 공공연하게 이루어지고 있는 여론 조작이 그것이에요.

오늘날 전 세계는 신자유주의, 미국 혹은 서구식의 근대화 등 헤게모니 국가들의 세계관만이 마치 세상을 바라보고 살아가는 유일한 관점이자 방법인 것처럼 생각하게 만드는 덫에서 자유롭지 못해요. 우리 사회도 예외는 아니지요. 촘스키의 목소리는 그런 우리를 깨우는 목소리이자, 권력을 가진 자들에게는 심기 불편한 목소리예요.

만화로 먼저 그를 접한다면 아마 그의 날카롭고 통찰력 있는 지성에 호기심을 느껴 그가 쓴 일반 책들도 읽어 보고 싶은 마음이 들지 않을까요?

젊은 교사에게 보내는 편지

조너선 코졸 지음 | 김명신 옮김 | 문예출판사

2007년 조너선 코졸이 교사 생활 40년째 접어들던 해 출판된 이 책은 이제 막 보스턴 도심 빈민 거주 지역 학교의 교사가 된 프란체스카에게 보내는 편지들로 이루어져 있어요. 전반적으로 미국 교육의 문제들을 다루지만 한국인들도 상당히 공감할 수 있는 것들이지요. 학생, 학부모, 그리고 동료 교사들과의 관계, 공교육의 민영화, 준비하는 자나 치르는 자 모두에게 지나친 부담을 주는 넘쳐나는 시험, 심지어 불평등이라는 현상을 보다 복잡하고 추하게 만드는 인종 차별과 같은 문제들은 우리 사회에서도 전혀 낯선 문제는 아닐 거예요.

하지만 그러한 문제들에 대해 주고받는 두 교사의 어조는 결코 비관적이지 않아요. 그런 현실 속에서도 학생들 하나하나에게 차별 없는 관심과 애정을 쏟으려는 교사의 순수함과 열정, 그에 힘입어 어쩌면 포기가 더 쉬운 상황에서도 특유의 천진난만함과 호기심으로 명랑함과 희망을 잃지 않는 아이들에 대한 이야기로 편지는 끝을 맺지요.

노암 촘스키와 함께 진보적 · 비판적 지식인으로 꼽히는 조너선 코졸임에도 한국에서는 아직 그리 잘 알려진 이름은 아닐 텐데요. 그의 글은 강도 높은 비판적 내용을 담고 있으면서도 노암 촘스키에 비해 보다 온화하고 평이해 오히려 읽기에는 훨씬 쉬울 거예요. 무려 조너선의 교사 생활 첫해에 쓰인 이 책은 '전미도서상'을 수상했답니다.

파울루 프레이리처럼 교육자를 꿈꾼다면

EBS 〈최고의 교수〉 제작팀 | 예담

우선 제목에 들어간 '최고'라는 최상급 표현이 궁금증을 자극하는데요. 5년 전 이제 막 공부를 마치고 대학 강단에 선, 여전히 학생으로서의 정체성이 더 강했던 제게 남편이 건넨 책이에요. 2008년 EBS에서 방영된 〈최고의 교수〉를 책으로 엮은 것으로 미국 내 최고의 교수라 일컬어지는 8인의 강의 현장과 인터뷰를 소개하고 있어요.

책을 엮은 방식도 생생하고 재미있지만, 무엇보다도 이 책을 흥미롭게 만드는 건 역시 주인공들의 교육 철학과 그것을 실천하는 삶 그 자체예요. 국제정치학, 기계공학, 산업디자인, 정치철학, 세포생물학, 화학, 물리학, 외과교육. 분야도 각양각색이지요? 이러한 전공을 하는 대학교수들에게 여러분은 어떤 모습, 어떤 강의 스타일을 기대하나요? 무엇을 떠올리든, 아마도 이 책에서 소개하는 8명의 교수는 그것과는 거리가 다소 먼 교육자의 모습을 하고 있을 거라 생각해요. 한번 떠올려 보세요. 여든을 바라보는 나이에 노란 티셔츠를 입고 MTV를 즐겨 보는 국제정치학과 교수, 공과대 학생들도 두려워한다는 열역학 수업을 마치 마이클 조던과도 같이 생생하게 이끄는 기계공학과 교수, 알츠하이머에 대해 가르치면서 실제 알츠하이머에 걸린 남편을 수발한 여성을 수업에 초대해 환자 가족의 입장까지 헤아리게 하는 의과대 교수……. 어떤가요? 상식을 깨고 그런 강의를 하도록 만드는 그들의 교육 철학이 궁금하지 않은가요?

모래밭 아이들

하이타니 겐지로 지음 | 햇살과나무꾼 옮김 | 양철북

한 남성이 선생들의 소위 '갑질'에 다리미 하나 팔러 학교에 네 번이나 불려와 결국 참던 화를 쏟아내고 교감이 이를 수습하려 진땀을 빼는 교무실. 그 소란 가운데 3학년 C반 담임으로 부임한 임시 교사 구즈하라 준과 교무실에서 벌을 받던 이 반 학생 니시 분페이와의 만남으로 이야기는 시작돼요. 그렇게 만난 3학년 C반은 그 반의 한 여학생 말을 빌리자면 '눈 밖에 난 자식들'로 구즈하라는 첫 만남부터 "선생님 임시 교사신가요?", "선생님은 우리 반이 어떤 반인지 알고 오신 건가요?", "선생님은 이상주의자세요?"와 같은 도전적이고 맹랑한 질문 세례를 받아요. 구즈하라는 그런 질문들에 위축되지 않고 학생들의 이름을 하나하나 물어 가며 대답하고, 또 질문하죠. 그 아이들을 문제아라고 낙인찍은 다른 선생님들과는 달리 구즈하라는

파울루 프레이리처럼 교육자를 꿈꾼다면

오히려 '남들이 반항아, 문제아로 낙인 찍었다고 해도 너희들 스스로 그걸 인정하는 것은 바람직하지 않다고 본다'는 말을 해 줘요. 자신들을 어린아이 달래듯 대하지도 않고, 무턱대고 호통치지도 않는 이 쿨하고 차분한 선생님은 학생들에게도 신선하게 다가왔죠.

이야기의 첫 장면을 너무 길게 묘사했나요? 하지만 이 첫 장면은 앞으로 구즈하라 준과 C반 학생들의 관계가 어떻게 만들어질지를 짐작할 수 있게 해 줘요. '선생님 같지 않은 선생님' 구즈하라의 시선을 통해 일방적인 교사들의 권위와 학교의 온갖 규칙에 의해 모범생과 문제아가 만들어지는 교육 현장을 바라보고, 또 그시선으로 문제아로 낙인찍힌 C반 아이들의 이야기에 귀 기울여 보면 어떨까요?

저자 하이타니 겐지로는 실제 17년 동안 교직 생활을 하다 그만두고 평생을 교육 현실에 대해 고민했어요. 1974년《나는 선생님이 좋아요》를 시작으로 어린이, 청소년이 주인공인, 하지만 나이와 상관없이 많은 사람들이 공감할 수 있는 책을 여러 권 썼어요.

내가 지금 할 수 있는 교육 실천은?

아무리 어린 사람이라도 아무것도 모르지는 않아요. 살아온 연수만큼, 경험한 만큼 얻게 된 지식과 마음, 교류하는 능력이 확대되기 마련이에요. 그리고 다른 사람들과 소통하기만 한다면 그 능력만으로도 얼마든지 다른 사람의 능력 개발에 영향을 줄 수 있어요. 고등학교까지의 과정을 마친 대학생들이 어린 학생들을 대상으로 과외 아르바이트를 많이 하지요? 여러분도 종종 그런 과외의 도움을 받아 본 적이 있을 거예요. 금전적 대가가 따르든, 따르지 않든 간에 자신이 가진 지식과 능력, 경험을 나누는 모든 행위는 교육 실천이라고 할 수 있어요.

대학생이 될 때까지 기다릴 필요도 없지요. 이를테면, 초등학생

파울루 프레이리처럼 교육자를 꿈꾼다면

동생에게 내가 이미 배워 능숙한 교과목을 가르쳐 주는 것도 교육 행위예요. 교과목뿐만 아니라 악기, 춤, 노래, 스포츠 등도 교육의 내용이 될 수 있겠죠. 각자가 능숙한 분야의 지식과 기술을 교환하는 경우도 많아요. 언어 교환이 가장 대표적인 예지요. 배우고 싶은 언어가 있다면 한국에 거주하는 해당 외국인 친구와 언어 교환을 통해 그 언어를 배우고, 한국어를 친구에게 가르쳐 줄 수 있어요.

이런 활동을 개인 대 개인이 아니라 다양한 성격의 기관, 단체가 운영하는 공부방, 유아동 및 청소년 센터 등에서 '재능 기부' 형태로 할 수도 있어요. 각각 운영 내용이나 방식은 다르겠지만, 우리가 '공부'라고 부르는 것들뿐 아니라, 단순히 아이들과 놀아 주는 것도 훌륭한 기부가 될 수 있어요. 놀이라는 형태는 호기심과 상상력을 자극하는 데 뛰어난 수단이지요. 놀이라는 형태를 통해 전문 분야의 지식에 대한 호기심을 자극할 수도 있어요. 예를 들어, 실제로 건축 분야에 종사하는 전문가들이 재능 기부로 공부방을 방문해 함께 과자로 다양한 집 짓기를 해 봄으로써 아이들은 자연스럽게 건축 분야를 접할 수 있는 거지요. 물론 여러분이 아직 전문인이 아니어도 할 수 있는 재능 기부의 기회는 많답니다.

어떤가요? 아주 작은 것이라도 좋으니 여러분이 잘 알고 잘하는 것을 누군가에게 한번 가르쳐 보는 것은 어떨까요? 내 안에만 있던 능력이 소통으로 인해 다른 사람에게 전달되고, 나아가 그것이 그 사람 안의 다른 능력들을 일깨우고 발휘되도록 돕는 것을 보면 어떤 기분이 들까요?

많은 이야기를 했지만 사실 무엇보다 가장 기본적인 교육 실천은 나 자신의 삶을 제대로 사는 게 아닐까 해요. 우리는 타인의 말보다는 행동을 통해 배운다고 하죠. 말과 글을 통한 지식의 전달과 설득도 중요하지만, 정작 가르치는 사람이 배운 것을, 그리고 자기가 가르치고 있는 것을 자신의 삶에서 실천하고 있지 않다면 설득력은 떨어지겠죠. 특별히 흔히 '교육'이라고 일컬어지는 의식적 행위를 하지 않더라도, 자기가 있는 자리에서 자기 일만 성실하게 하더라도 여러분은 주위 사람들에게 강력한 영향을 끼치고 있는 것이랍니다. 가정에서 부모님만이, 그리고 학교에서는 선생님만이 교육의 역할을 하는 것이 아니라, 여러분 자신이 형제자매에게, 친구들에게 그에 못지않은 영향을 끼치고 있다는 것을 기억하세요. 바로 여러분의 형제자매와 친구들이 여러분에게 영향을 끼치고 있는 것처럼요.

파울루 프레이리처럼 교육자를 꿈꾼다면

참고 도서

• 《망고 나무 그늘 아래서》, 파울루 프레이리 지음, 교육문화연구회 옮김, 아침이슬, 2003.

• 《문해 교육, 파울루 프레이리》, 도나우두 마세두 지음, 허준 옮김, 학이시습, 2014.

• 《자유의 교육학》, 파울루 프레이리 지음, 사람대사람 옮김, 아침이슬, 2007.

• 《크리스치나에게 보내는 편지》, 파울루 프레이리 지음, 남경태 옮김, 양철북, 2011.

• 《페다고지》, 파울루 프레이리 지음, 남경태 옮김, 그린비, 2009.

• 《프레이리의 교사론》, 파울루 프레이리, 교육문화연구회 옮김, 아침이슬, 2000.

• 《희망의 교육학》, 파울루 프레이리 지음, 교육문화연구회, 아침이슬, 2002.

• 《O caminho se faz caminhando(길은 걸음으로써 만들어진다)》, 마일스 호튼, 파울루 프레이리 지음, Vozes(보지스), 2003.

• 《Partir da infância(유년 시절로부터 출발하다)》, 파울루 프레이리, 세르지우 기마랑이스 지음, Paz e Terra(빠스 이 떼하), 2011.

• 《Paulo Freire, o menino que lia o mundo(파울루 프레이리, 세상을 읽었던 소년)》, 까를루스 호드리게스 브란더웅, 아나 마리아 아라우주 프레이리 지음, UNESP, 2005.

• 《Paulo Freire : uma biobibliografia(파울루 프레이리 : 그의 삶과 저작)》, 모아써르 가도치 엮음, Cortez(꼬르떼스), 1996.

• 《Pedagogia da indignação(의분의 교육학)》, 파울루 프레이리 지음, UNESP(상파울루주립대학교) 출판사, 2000.

• 《Por uma pedagogia da pergunta(질문의 교육학을 통하여)》, 파울루 프레이리, 안또니도 파운데스 지음, Paz e Terra(빠스 이 떼하), 1985.

* 위 목록은 참고 자료 중 주요 책들 중심으로 작성되었으며, 원서를 참고하였어도 국내에 한국어 번역서가 있는 경우 번역서만 포함하였습니다.